从地名看深圳

◎尹昌龙／著

深圳报业集团出版社

作者简介

尹昌龙，安徽和县人，北京大学文学博士，深圳市政协常委、文化文史委主任，享受国务院政府特殊津贴专家，深圳市决策咨询委员会专家委员。曾获中国出版政府奖，入选全国新闻出版行业领军人才。出版有《1985：延伸与转折》《重返自身的文学》《别处的家园》《全球化的烟花》等专著。一直关注并研究深圳地名文化，试图从地名这一文化密码中读解深圳，理解历史，接续文脉。

深圳知名度高，但主要集中在经济发展、科技创新和城市建设领域，而真正了解这方土地，它的地理地貌、地名文脉的并不多。深圳有自己的童年，有自己的地方志，有自己的创业史，而这些历史信息与文化基因往往会在地名中得以展现、得以表达、得以延续。在宝安县建立的经济特区为什么叫深圳经济特区？深圳为什么叫鹏城？鹤湖新居的边上有没有鹤湖？深南大道是因为在深圳南面吗？上沙下沙当初是什么意思？等等。从地名讲历史，从历史讲文化，阅读深圳地名就是读解深圳历史。该书有趣有料，知识点多多，欢迎大家一起来探寻。

——题记

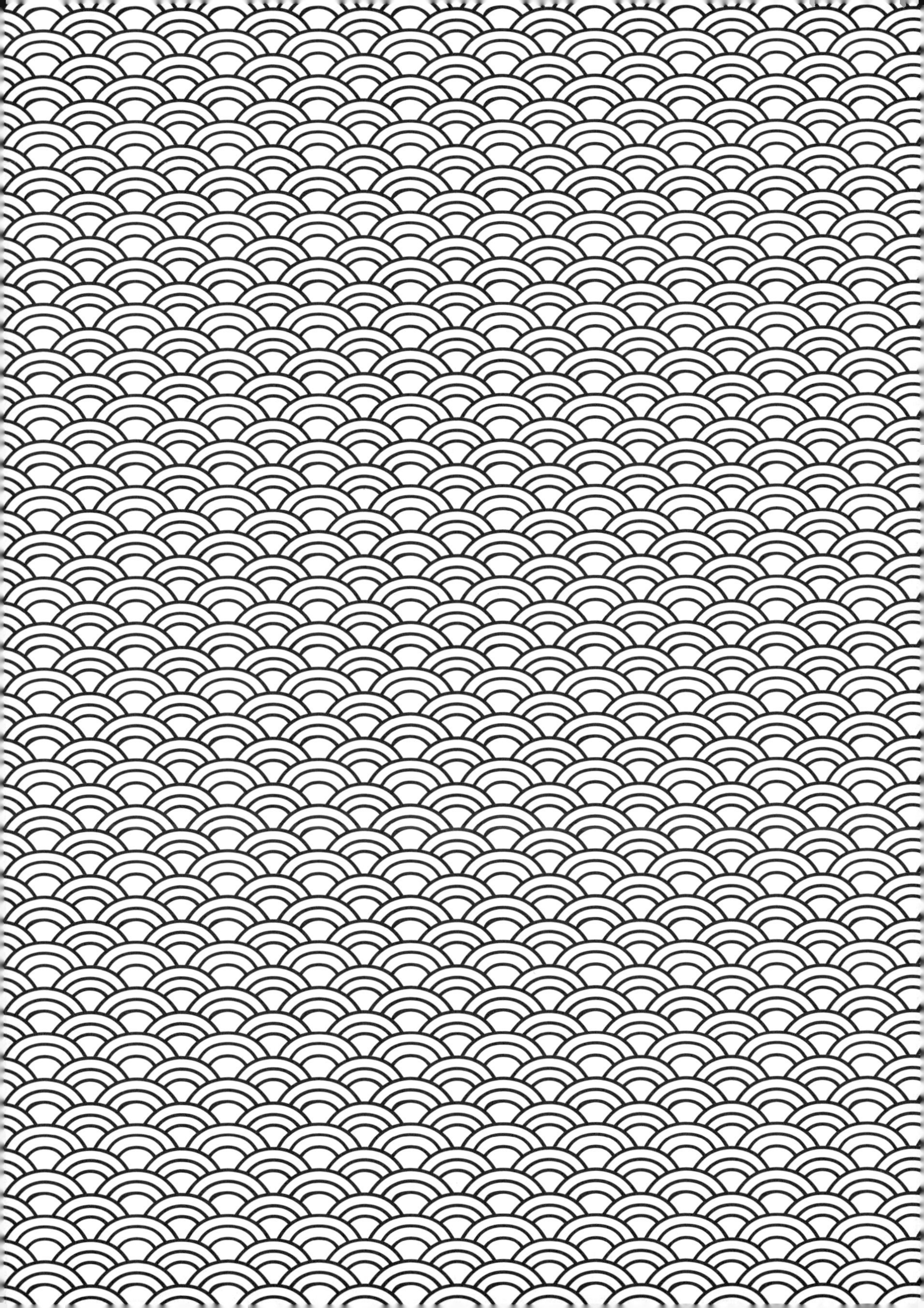

序言

记住地名也是记住乡愁

孔老夫子有一句话，知名度很高，叫“名不正，则言不顺；言不顺，则事不成”。孔老夫子很重视名，名分，名字、称谓，在他看来，这是说话做事的前提，没有名的合理性，就没有事的可行性；名字起不好，不仅话说不周全，事也办不顺当。也正因为孔老夫子对名的重视，千百年来，地名在传承之际，也形成了中国的另外一种文脉，即从地名解读历史，保存记忆，这成了文脉得以延续的重要路径。对于从事地方志研究来讲，如何挖掘地名的文化内涵，如何从地名的演进中看到文化变革的脉络，便是在地叙事的重要内容。

先想从我个人的地名经验出发来谈谈感受。我的老家在安徽省和县西埠镇，从上学时候起，我就很想了解这片土地曾经发生的故事。有一点困惑，我们镇并没有一条河流蜿蜒而过，那为什么以“埠”命名，而我们村叫孙闸，可并没有河的闸口存在啊！于是就推断我们这一带曾经有河，也许已经干涸了，连河床都不复存在了。后来在大兴水利的年代，村里人挖水渠就挖出了许多沉埋在地下的柳树的树干，还有一些陶陶罐罐。柳条多在河边生长，这进一步证明了这里曾经有河流的存在，虽然我们不知道河流是在哪年消失的，但西埠这样的地名千百年来保留着早先的记忆。

还有靠我们镇后面有座山，叫黛湖山，在我们这片丘陵地带，也算是有代表性的山峰了。为什么叫黛湖山呢？至今无考，黛湖山周边无湖，但从地面来看，这里应该曾有一片较为广阔的湖面，应该叫黛湖，而且湖比山可能更有代表性，所以以黛湖的名字来命名旁边的山。山脚下有个村庄，原来的名字叫“留船集”，当推断为黛湖的码头所在地，并因埠成市形成集镇。只是后来刘姓的村民聚集得越来越多，后改名为“刘传集”。湖不在，码头和集市也不在，再叫“留船集”可能也不合适，但从黛湖山和留船集的名字，我们不妨推断这段湖光山色的历史。有知识考古一说，也不妨有地名考古的办法，从地名所保留的记忆中，我们可以想象和触摸已经消失或被遗忘的历史。换句话说，从地名感知历史，从历史把握文脉，从文脉记取乡愁，这是我们必须承担的文化工程。

《从地名看深圳》这本小册子，主要是讲深圳这片土地上的地名的。深圳是移民城市，对万千移民来说，要融入这块远在祖国南方的土地，就必须要接续她的文脉，承担她的使命。而化异乡为本土，就需要有一个“名正言顺”的过程。地名往往带有很强烈的地理色彩，以地理的形貌命名，往往最直接、最直观，比如喊人“大头”“大个子”一样，特别好辨认。按照这一特点来理解，深圳的地名就很有意思，深圳地名中就有很多“岭”，如园岭、八卦岭、黄贝岭、冬瓜岭等；还有很多“岗”，笋岗、凤岗、龙岗、皇岗，这就说明深圳是个以山地为主的地方，虽然隆隆的开山炮中很多山地已被夷为平地，但从这些地名中还能想象当年的形貌。深圳还有很多地名都有“沙”字，如沙头、沙尾、上沙、下沙等，这说明深圳是片靠海的区域，那些靠海有沙滩的地方都可以以“沙”字来命名。

有意思的是，深圳的文脉有接续更有创新。在改革开放大潮涌动的时代，地名也随着事业的发展处在变迁中，比如西沥湖现改成西丽湖，香沥湖现改成香蜜湖，上步区改成福田区，大粪村改成大芬村，都是比较成功的案例。原本土气的地名摇身一变，变得芬芳可爱，变得高大上了。其实地名也并不是一成不变，它在变迁和创新中也更加生动，更带来美好的感受和希望。

从地名一路下来探索深圳，这项工程还有很多任务需要完成。这本小册子算是做了点小小的努力，只是希望从这些地名的考辨中，我们找得到过去，更能看得见未来。

目录

CONTENTS

南头古城

白石洲

赤湾

蛇口

深南大道

观澜墟

仙湖

800年的巨变与坚守：下沙村的前世与今生

村落是个小窗口，看见的是个大世界。透过800年下沙村的变化，我们会看到深圳这片土地绵延不绝的传统，沧桑变化的今天，以及值得期待的未来。

一

下沙是深圳市福田区南部一个古老的村落的名字。它曾经与上沙、沙嘴、沙尾、新洲、石厦5个村共同属于沙头街道。来到广东，遇到的地名往往与一个字纠缠不清，那就是“沙”，像沙头角、上沙、下沙，还有沙头、沙尾。特别像沙头、沙尾这样的名字，听起来像“杀头”“杀尾”，有点恐怖，让人觉得这个地方的人不文雅，起的名字有点土。其实也不尽如此，地名的奇特往往与地理有关，这些地名的词根都是“沙”，实际上是指沙滩。在古汉语中，沙不仅指河滩，也指海滩。例如，像李商隐当年的诗句，“村小犬相护，沙平僧独归”，写的是桂林的黄昏，僧人沿着河流，踏着平浅的沙滩，独自归去。而深圳沙头角所言的“日出沙头，月悬海角”，其中的“沙头”指的显然是海滩。海水不断冲刷，形成大片的滩涂和沙地，而在滩涂和沙地上建立的村庄往往就叫“沙头村”，意即位于沙滩滩头的村子。沙头就有点类似于现在讲的滩头，而所谓的上沙、下沙，全称应该是上沙头、下沙头，上下是指离沙头及滩头的远近，靠近滩头的称下沙，远离滩头的称上沙。当年上海就有上海浦与下海浦，根据浦与海的远近，分为上海浦与下海浦，正如根据村落与沙滩的远近，分为上沙村与下沙村。当然，上沙与下沙的名字还有一个解释，那就是整个沙头地区都位于深圳河汇入深圳湾的入海口，离深圳河入海口近的是下沙，离入海口远的称上沙。虽然这一解释是以河与海的远近来定义，但最终还是以海、以沙滩作为坐标。顺带还要说到沙头与沙尾，据当地人称，海浪在沙滩上冲击留下的痕迹，远远望去像一条长龙，龙头的位置叫沙咀，而龙尾的位置叫沙尾。而所谓尖沙咀、沙头角等，则是指海浪向岸上冲击受地形的约束与限制，沙滩变得越来越狭小而细长，类似的地貌大多集中在深圳的东部，因为那里地质构造比较坚硬，更容易将海浪对陆地的冲击限制在狭长地带或滨海一角。

还是回到下沙。下沙靠近深圳河入海口，地势平缓，既毗邻大海又连接陆地，这就决定了这一地区独特的生产和生活方式，既从事渔业，又从事农业。从下沙遗存的早些年的生产工具来看，碾米的磨盘以及养蚝的滑板就比较有代表性。种粮和种蚝并存，也被比喻为“金黄产业”，金是说金蚝，蚝肉金光闪闪；而黄是指稻米，稻谷呈金黄色。深圳河流过的地区，有较为丰富的水系，所以有大片的水田，可以种植水稻，而入海口的滩涂则可以养蚝，所以金黄产业也成为当年下沙人主要的经济来源。

农业与渔业并置，反映在文化上，有个有趣的现象，就是在下沙的侯王庙中，既有农耕社会常见的土地公公牌位，又有海洋文明中不可或缺的天后塑像，都是希望保平安、求富足，类似的这种崇拜在盐田沙头角等地同样存在。当然，东方式的这种崇拜其实是源于他们的生活，是对现实的救助，也是对希望的给与。至于人神不分，河海并存，反而无关紧要。侯王庙中还供奉着两个人格神，一个是护主的武将，一个是治水的文官，无一不是在表达对平安生活的祈求与感恩。

二

讲完下沙的地理之后，就要讲下沙的历史了。下沙的历史800多年，远可追溯到南宋。而讲到深圳这片土地上较大规模的移民潮，主要是两个时期：一个是800年前左右，受元军入侵影响，导致人口从福建、江西南移、西移至海边，甚至远迁海外；一个就是300年前左右，清政府解除海禁之后，大量人口来到这片已经荒芜的土地上垦殖，而这次的移民大都来自粤东地区。前者以广府系为代表，主要集中在福田，而后者以客家系为代表，主要集中在龙岗。这些迁徙到深圳河入海口附近的移民，在与本土融合的过程中，形成了一种独特的方言，叫围头话。今天，老一辈的香港和深圳居民中，还有很多人在讲围头话。它是一种文化融合之后的广府话，与传统的广府话又有所不同，只是能听得懂的人越来越少了。800年前迁移来这片土地的人，当初应该是客，而长久定居下来之后，由客为主，已经成为原居民了。而300年前迁移来这片土地的人，同样是客。而

300年之后，面对追随改革开放大潮而来的移民，当初的客再次成为主，而这批新人则再次成为客，又称新客家了。其实，800年前的原居民和绵延300年的客家人之间，在深圳常常呈现为有趣的杂糅之势，像同是在福田的上梅林与下梅林，上梅林原居民为黄姓，就是由下沙迁移而来，系下沙黄氏的二世祖，属广府系，而上梅林的原居民则为客家人。同样是在梅林地区，人口的来源又截然不同。

下沙是深圳的缩影，这片面朝大海的土地注定与移民有关。下沙的原居民基本姓黄，其始祖是唐代黄峭山公，黄峭山公有首诗，“骏马堂堂出异方，任从随处立纲常。年深外境犹吾境，日久他乡即故乡。朝夕莫忘亲命语，晨昏须念祖宗香。唯愿苍天垂庇佑，三七男儿终炽昌”。这首诗一直被黄氏的后人珍藏与传颂，说是只要会背得这首诗，即可证明为黄氏宗亲。这首诗之所以被视为文化密码，其实最关键的还是其传达的家族精神。这种家族精神的非常神奇之处在于，不讲安土重迁，不讲保持基业，而是讲移民文化。诗的意思是，人要像堂堂骏马奔走四方，无论到哪里。只要守住义理纲常，就能安身立命，时间久了，外乡也会变成吾乡，他乡也会成为故乡。要做到朝夕不忘亲人的话，早晚记得祖宗的遗训。诗中希望苍天能保佑整个家族，并达到昌盛祥和。诗中的两句，“年深外境犹吾境，日久他乡即故乡”，真正是移民精神的写照，异乡久了会成为故乡，所以身处他乡并不可怕。只要守住纲常，安定身心，他乡一样可以成为故乡。黄氏这一支历800年而成为下沙的原居民，就充分证明他乡已经成为故乡了。而那句“三七男儿终炽昌”，有两个解释：一个解释是，三七二十一，21岁即指年轻人，年轻人出来闯荡，未来终会飞黄腾达；另外一个解释则是，峭山公有三房，共7个儿子，除了各家留下长子外，其余可像骏马一样奔走他乡，勇敢地找寻自己的生活。中国的家庭大多有祖训，但像这般具有开放的视野和开拓精神的并不多见。以骏马出行比喻奔走四方的闯荡，所以黄氏后人又以骏马精神来指认家族精神，这应该算是其文化基因了。而所谓骏马精神，应该就是移民精神。回头再看看，深圳从一个边陲小镇发展为现代大都市，也是终成炽昌之势。下沙与深圳一样，正是这种移民精神的产物。当然，下沙移民的分布比深圳的范围更广，像香港，像海外，很多地区都有下沙黄氏宗亲的踪迹，真的是“骏马堂堂出异方”了。

三

到下沙，最感慨的是，这样一个都市里的村庄，能如此强大、如此丰富地保存着自己的传统与文化，越是在中华文明的边缘地带，却越能顽强而坚韧地维持着这个民族的文化根脉，下沙堪称典范。

首先，从非物质文化遗产看，一个下沙村就拥有一个国家级和一个省级的非遗项目。国家级的就是下沙的祭祖习俗，这一习俗最早可追溯到南宋，起初只是早晚的上香和叩拜，后来日渐成熟和规范，有主祭人，也有三跪九叩的规矩。大规模祭祖仪式也一直在黄氏后人中维持和延续，虽然其宗亲有的已远涉海外，但常常为了这一个多小时的祭拜，不惜千里万里赶过来参与。祭祖分春祭和秋祭，春祭选择清明，秋祭选择重阳；春祭只拜祠堂，而秋祭既拜祠堂，也拜祖墓。拜祠堂的仪式尤为隆重，有擂鼓和奏乐，还有鞭炮齐鸣，从老至幼依次祭拜。其中还有初献礼、亚献礼及三献礼环节，并庄严地宣读祭文。

讲到下沙祭祖仪式就要讲到大盆菜，祭祖活动期间要举行大盆菜宴。大盆菜也属于大杂烩型的，只是层层叠叠，一层一道菜，堆叠至多可达15层，有猪肉、鸭肉、蚝肉、鳝鱼等荤菜类，也有萝卜、腐竹、冬菇、油豆腐等素菜类。这一习俗最早传说来自南宋末年，宋少帝流亡至今天香港的新界地区，当地人迎接疲惫的王师，各家各户都倾其所有来犒劳三军。大盆菜传统一直延续至今，并被列入广东省级非物质文化遗产名录。而说规模最大、影响最大的，恐怕还是下沙。特别是2002年下沙那场大盆菜宴，被载入基尼斯世界纪录。宴会设在下沙文化广场，共有5300多席。参与人数达6万人，可谓盛况空前。祭祖活动中，除了有大盆菜宴之外，还有一项就是舞龙。舞龙的民俗在广东尤为盛行，而下沙舞龙最具特色的是，舞起的金龙有100米长，号称广东第一长龙，舞动一次就需要数百人。当舞动的彩龙穿越下沙时，真是有矫若游龙之势。

其实讲到文化遗产，下沙还有一项省级文物保护单位，这就是下沙一世祖黄默堂墓。墓地其实并不在下沙，而是在莲花山；像保存如此完整的南宋古墓，在整个广东地区也不多见。因莲花山状如莲花，在佛教文化中，寓意着升天，寓意着永恒，所以莲花山也成了皇岗、下沙、上沙等村村民心目中理想的墓地。讲到下沙的祭祖仪式，当然也少不了到黄默堂墓前的祭拜。莲花山墓地也有个奇怪的风俗，葬男不葬女，说是只有男性葬在状如莲花的地方，子孙才会得到庇佑。

下沙对传统的坚守得到了充分肯定，它两次被评为全国文明单位就是证明。下沙的村博物馆，现在称展览馆，在深圳古村落中也是数一数二的。村博物馆不仅保存着一些历史旧物，而且以生动而直观的方式讲述着下沙的前世今生。而黄思铭公世祠则是保存完整的祠堂，还有侯王庙、下沙牌坊等古建筑更是展示了一个乡村的历史与尊严。当然，传统与现代在下沙也是并存的。下沙进入大都会时代，也有大型的建筑综合体，这就是京基滨河时代广场，讲述着当下的时尚与绚丽。下沙离历史不远，离时代也很近。

深圳湾畔的琅琅书声：从凤冈书院到南头中学

讲深圳的教育，往远处说，就少不了凤冈书院，就其规模，就其影响力可以说是深圳教育的根。虽然到今天她已融入南头中学的发展实践中，但那些琅琅书声自清代延续至今，穿越历史烟云，昭示着一座城市的文化根脉。

一

深圳这座城市，曾经一度被称为“文化沙漠”，说到底，有两个意思，一是市场经济发达，市声掩过书声；二是历史根基浅，没有什么文化积淀，看不出发达的文化根系。前者已不攻自破，深圳能被教联合国教科文组织授予“全球全民阅读典范城市”称号，就是因为这座年轻城市在不遗余力地推广读书活动，使整座城市沐浴在书香中，并在全国乃至全球产生广泛影响。这也证明了经商与读书可以同在，经商与读书没有矛盾。古人讲，“几百年人家无非积善，第一等好事还是读书”，在今天的深圳，已经或者说正在成为城市的价值观。而第二条，所谓深圳历史根基浅，已被深圳考古发现所推翻，咸头岭遗址已将深圳有人类活动的遗迹推到7000年前，这也是珠江口考古对中华文化历史考掘的巨大贡献。而至于说深圳历史上是荒僻之地，不兴教育，难言文化，恐怕也不符合实际。就从凤冈书院说起，书院文化的存在也足以证明这块土地一直弦歌不绝。从历史上看，深圳的文化发展在明以前确实没有什么建树，而从明开始，随着嘉峪关和明长城的建立，明边防后撤，陆上丝绸之路逐步被切断，海上丝绸之路日益兴起，而从广州至新安（今深圳）再至南洋，便成为海上贸易的重要选择。到了清初，海上贸易更成规模，珠江口的城市也日渐隆兴，发达的经济带动了发达的教育和文化，书院发展因此进入鼎盛时期。靠近深圳湾，以南头为中心，人文昌盛，书声鼎沸，书院蔚然成风。查《新安县志》，以南头古城为中心，就集中了文冈书院、凤冈书院、宝安书院、新安学宫、文庙等，另外还有被命名为梯云、青云、登云、固戍、碧溪等大大小小的社学。知县首创，乡绅共建，这俨然成为清康熙一朝以来新安的社会风尚。再放大一点看，整个珠三角书院体系的形成，在清代也蔚为壮观。虽然比起明代初期就有的白鹿洞书院、东林书院，广东书院的年代相对较晚，直至清才大行其是，虽然影响力不足，但同样未可小觑。就说同时期的广州，曾经就有书院文化街。以广州府衙为中心，半径一公里范围内集中了三所学宫、五所省级书院、一所府级书院、三所县级书院以及数百家以姓氏命名的书院。这其中，在流水井小巷附近的万木草堂，康有为在此讲学授徒，培养出改良思想的火种，名噪一时。

二

讲凤冈书院，今天最直接可见的遗存就是一块牌匾“凤冈书院”，是由时任广东布政使的康基田于1803年题写。现在的牌匾上主要有两行字，左边是“嘉庆癸亥清和月”，右边是“合河康基田题”，讲的就是题词的人和时间。建凤冈书院的人不是康基田，但康基田大力支持，他不仅命名，而且题写牌匾。康基田是个极重视书院建设的省部级大员。他积极推动广州书坊街建设，当年广州的越秀、月华两大书院就是他的建设成果。他喜欢做的就是修建书院，兴学育人。广东佛山有一家凤岗书院，现在叫三水中学，当年也是由康基田命名并题写牌匾。当然叫凤冈书院或凤岗书院也不是康基田的首创，要追溯这个名字，还要回到《诗经·大雅·卷阿》，“凤凰鸣兮，于彼高冈。梧桐生矣，于彼朝阳”，表达的是对君子的美好祝愿，就像鸣叫于高冈上的凤凰，就像迎接朝阳的梧桐树。凤冈作为书院的名称，就是希望培养出德才俱佳、前途无量的君子。叫凤冈书院的，还有一处更有名的所在，那就是贵州龙场，当年王阳明在此悟道，找到了贯穿一生的心学思想。当年王阳明修行悟道的山洞的上方，就是凤冈书院，王阳明在此教授学生，传道解惑。有意思的是：一，叫凤冈还是凤岗，都不完全统一。对书院的题名，有的写作“凤冈书院”，有的写作“凤岗书院”，其实是一个意思。按其出处，应该叫凤冈，但是凤岗似乎更显雅致。比如深圳的皇岗村，当初就叫黄冈，后来村里出了个大秀才，衣锦还乡之际，觉得家乡叫黄冈太土气了，于是就大笔一挥，改成皇岗，确实大气不少，而且一直沿用至今；二，总觉得有凤岗书院，为什么就不能有龙岗书院呢？况且深圳真的有龙岗，这也得益于上古传说，龙从梧桐山腾起，落于当地，即称为龙岗，当年有龙岗墟的名字可谓例证。龙岗属客家居聚地区，而重教崇文的客家人却并没有建立所谓的龙岗书院。试想，如果凤岗书院之外再有一个龙岗书院交相辉映，那说不定算是深圳文史的佳话了。当然，深圳地区历史上也有凤岗，但现在属东莞，历史上同根同源，但偏偏凤岗也没有一个凤岗书院，而不是凤岗的南头，却偏偏建了个凤冈书院，这恐怕也是很有意思的一个现象。

三

凤冈书院的建设在嘉庆《新安县志》中有清楚的交代，一是由于宝安书院久已废弃，二是文冈书院年久坍塌，于是前知县王君就有新建书院的想法。恰巧新安故城内有块场地属东莞场署，这个机构刚好被裁撤了，于是就由王君首创，绅士们共同捐款买下这块地，改建凤冈书院。而如此重视书院建设，原因在于，这样一块地处海滨的县邑，“居民自耕渔而外，不废弦歌”，读书已经成为当地人的传统和生活方式，所以建书院就是“不废弦歌”的需要。这个位于当年帝国边疆的地区，虽说不上是“海滨邹鲁”，但在读书办教育这点上，它同样具有这个民族热爱读书的良好习惯。在县通判许浚所撰的《新建凤冈书院碑文》中，他还对凤冈书院寄予了美好希望：“少有苟完，愧未尽善。后之君子，莅斯土者，宜思增其轮奂，益其田畴，庶教养无穷，人文蔚起，予实有厚望焉。”意思就是，如果我们还有做得不完善的地方，希望后世的君子能够为书院添砖加瓦，扩大财力，达致教化民众的功能，实现人文昌盛的目标。碑文足见其心拳拳，其情款款。

而讲到扩大财力，主要是因为没有财政拨款，全靠乡绅们的共同支援。据传，建书院买这块地，当初要价是41.496两银元，后来得知是要建设书院，买方径自降价到30两。对教书育人这样的公益事业，当地乡绅也是不遗余力地支持，《新安县志》中详细记载各家捐资捐粮的情况，这些费用除了建校外，还有老师课酬、书院开启费用，其他都用于学生们吃饭和深夜读书的灯火钱，“以充膏火之需”。

凤冈书院于嘉庆八年二月动工，嘉庆十一年春建成，并一举成为当地最具规模、最有影响力的书院。《新安县志》详细记载了当时书院的格局，先是头门，然后是照壁，然后是东斋，西斋及讲堂，然后是先贤堂，最后是魁星楼，又名听雨轩，左右八间书舍。应该说是三进的院子，从命名来看，都充满了雅意。有意思的是，清嘉庆《新安县志》记载了凤冈书院生动的读书景象，而没有凤冈书院，恐怕也没有嘉庆《新安县志》。古代书院不仅教书，而且常常写书、出书、藏书，当年知县舒懋官在凤冈书院建成后，有意组织编撰《新安县志》。恰巧他的好友王崇熙等一干才子从江西来到广东拜会，舒懋官于是倾情邀请这些才子共同参与编志。王崇熙等欣然应约，而编撰好的县志书版就存在书院魁星楼内。这也算是对新安文史的卓越贡献。

四

凤冈书院是如何演变成今天的南头中学，这中间倒确实有曲曲折折的故事。今天南头中学的大门口就立着由康基田题写的凤冈书院的牌匾。当年凤冈书院建成之后，主要教授经史、制艺、策论等，是以科举考试为目标的，算是应试教育的典型代表，为这些滨海县邑的孩子们准备好上升通道和敲门砖。但到了1903年，清廷实行教育改革，所有书院改为学堂，采用国家办学，科举制度也随之走向了灭亡，凤冈书院随之更名为凤冈学校，走向近代和现代教育。到了1914年，新安县因避免与河南省新安县重名，被改回宝安县，凤冈学校也被更名为“宝安县立第一高等小学”。随着学校规模的扩大，开始分立中学部，名为“宝安县立初级中学”，宝安的教育也从小学教育提升到中学教育的层面。由于在抗战中宝安县立初级中学被炸毁，到了1946年，宝安县立初级中学复课用的校址是位于南头城九街的小学校舍，而这个校舍，就是当年凤冈书院旧址，当年凤冈书院倾圮，才有了凤冈学校。而今，凤冈书院旧址又助推宝安县立初级中学薪火相传。1949年，宝安县解放，学校更名为宝安第一中学。到了1958年，全国学校采用所在地冠名法，因学校在宝安南头，故被改名为宝安县南头中学。后来宝安县撤县建市，学校更名为深圳市南头中学。

讲凤冈书院到南头中学的沿革，其实最终要说到的是校园的精神和价值。凤冈书院建立之初由康基田填写牌匾，而书院的理念也是由康基田提出，“立德立言立功先立志，有猷有为有守学必有师”。“三立”以前说得多，无须赘言，关键是“三有”，有猷、有为、有守。这“三有”并不是康基田所独创，而是来源于《尚书·洪范》，以此作为书院的院训，也是想就此接续中华教育的传统。有猷就是有谋略、有志向，有为就是有作为、有担当，而有守就是有操守、有底线。“三有”说到根本讲的是做人，要培养的是君子。有志向、有作为、有操守，这恰恰是儒家传统育才做人的基本原则。这与现代教育的根本理念，培养人，培养人才，是一脉相通的。

尽管世易时移，如今的南头中学还依旧走在人文传统教育的道路上，校园中百年古木参天林立，“傍百年树，读万卷书”，被称为学校最令人骄傲的景象。南头中学继承凤冈书院精神最突出的就在于始终以尊重人、培养人为目标，像学校提出的“每一个学生都是唯一，每一个赛场都有领跑者”，就特别强调个性化的教育，以优秀为目标培养人才。而他们提出“全面发展、全体发展、全程发展”的口号，更是把人的发展作为贯穿始终的理念。而“关注每个人的特色，促进每个人的发展”的口号，更是综合了个性化与人文化的要求，从传统的“三有”中转化出现代教育的思想理念。而从南头中学特有的人文课程的安排，更体现出中华自古以来的人文教育特色，成立诗社、举办大讲堂、文化节等一系列活动，更是使校园郁郁乎文哉，读书氛围、文化氛围尤为浓烈，书声琅琅，弦歌不绝。

皇岗，几乎覆盖了深圳城市的中心区

在深圳，皇岗村可能会有人不知道，但皇岗口岸，恐怕无人不知。这是亚洲最大的陆路口岸，而皇岗口岸的得名，就来自皇岗村。如今，包括皇岗口岸在内的河套深港科技创新合作区的建设成为举世关注的大事件，而与之紧密相连的皇岗村也再次进入人们的视野。皇岗村何去何来？其来龙去脉倒确实值得我们去探究一番。

一

其实在讲河套地区之前，皇岗村就已经成为必须要关注的话题了。都知道深圳已经是现代化大都会了，而这个大都会最核心的地带恐怕就是福田中心区。从莲花山顶往南看，这片高楼林立的地区，应该说是深圳最壮观的都市景观了，即使与纽约的曼哈顿相比，其楼群的高度与密度也毫不逊色。但如果硬要说，这片高楼林立的中心区原本只属于一个摸鱼砍柴种地的村子，恐怕令人难以置信，而事实上真的有这么一个村子，这个村子就是皇岗村。可以毫不夸张地讲，整个福田中心区差不多90%的土地，就属于皇岗村，一个村子就这么“霸道”，就差不多占了整个中心区。如果仅仅看皇岗村村口的门楼，看它的文化中心大楼，甚至看它的皇岗商务中心，觉得皇岗村也就这么巴掌大的地方，实际上当初皇岗村之大，远远超出我们的想象。从北边，它直到莲花山，莲花山当初都有皇岗村的墓地，南边抵达深圳河，直接与香港连接，可称为边境上的村落。而西边能到达五洲宾馆，东边到皇岗口岸。这个呈四方形的村子，面积可以达到8000多亩（约533万平方米），从今天讲就是整个城市中心的中心了。当初的皇岗曾经辖5个村子：上围、下围、吉龙、水围、渔农。改革开放以来，渔农村分开独立，随后水围村也划分出去，而上围、下围与吉龙三个村子则始终不离不弃，共同组成今天的皇岗村。当初渔农村分出去，似乎在皇岗人心中并没有引起多大的震动。皇岗村曾经雇佣了很多外地人在此养鱼、打鱼，故称为渔农村，村里人的姓氏也比较庞杂。而水围村分出去，至今也是皇岗人心中的痛，感觉身体最重要的部分被割出去了，当年水围还比较富足，也是皇岗最有代表性的村落。尽管如此，这也丝毫不影响皇岗的中心地位，皇岗人常常骄傲地讲，整个城市的中轴线就从他们脚下穿越，然后延伸到深圳河边，深圳湾畔。他们会讲到莲花山顶的小平塑像，说小平同志的目光穿过皇岗村，看向南边的香港。小平同志一辈子就想到香港这片自己的土地上“走一走、看一看”，如今，无数高楼大厦在他眼前，已经长出新的城市山水了。

二

皇岗的地名又从何而来呢？事实上，皇岗当初并不叫皇岗，而叫黄冈。叫类似黄冈这样的名字的，在内地应该也有不少，例如苏东坡当年被流放的湖北黄冈，其得名是因为那里曾经有一座山叫黄冈山，简称黄冈。冈的意思是山岭、山脊，黄冈，顾名思义应该是黄色的山岭。当年的皇岗地势高，势如山岭，由黄色的土石块组成，所以称为黄冈。就如莲花山，当年也不是树林荫翳，反倒颇为荒僻，所以才有当地人的墓地。从地理上讲，当年皇岗的地势北高南低，南边靠河靠海，北边是山地，由于洪水时常侵袭，当地人在选择筑围的时候，一步步挪往了高地，又称上高围，而就是因为背靠黄土山岗，面临海边滩地，故名为黄冈，而黄冈周围的土地差不多都是滩涂，系海水冲积而成。

说起皇岗的原居民，清一色的都是庄姓，最早可溯源到甘肃天水，而后来移居到福建，再到浙江，再移居到广东。皇岗人爱说到两个时间：一个是800年前，庄氏族人从杭州迁移至东莞；一个是600年前，庄氏族人从东莞迁移至皇岗，并开围立村。有意思的是，皇岗人在经过认真细致的梳理之后，认为他们的庄姓就来自庄子，起源于河南商丘的民权县。当然，也有人认为庄子起于安徽亳州的蒙城县。皇岗人曾为此到民权寻根，并认定是庄子的后人。有意思的是，大哲学家庄子有两件事与深圳密切相关：第一，他在《逍遥游》中写到了大鹏，它原来是北海里的鱼，叫鲲，因刮大台风而化为鹏，并飞到南海，落到了今天的深圳，所以深圳有山叫大鹏山，而深圳这座城市又被称为鹏城；第二，庄子的后人中竟然有从遥远的中原辗转迁徙，最后落到南海边，到了深圳湾畔的皇岗村。前一条应该说是庄子自己想象出来的，而后一条恐怕是庄子打死也想象不到的，他就这样历史地与深圳联系起来。

还是要说回皇岗的名字。这得要讲庄姓这支，曾经出过状元叫庄有恭，是乾隆钦点的。当年庄有恭中榜后，到黄冈来祭祖，这才有了黄冈改名的说法。一说高中皇榜的状元来过黄冈，那就改名为皇岗吧。还有一说更直接，这个叫庄有恭的状元直接提笔，将黄冈改为皇岗，说这个名字更符合这块风水宝地。查《说文解字》，查《现代汉语词典》，等等，其实“冈”“岗”发音虽有不同，但字义基本相近，甚至有认为“岗”是“冈”的另外一种写法而已。但仔细辨别还是有区别的，冈指山岭，而岗指山坡。从皇岗村的地形看，村子设在山坡上，在高处立围更合理，所以从黄冈改为皇岗，不仅更大气，更威武，似乎也更符合地貌，所以说庄有恭这个状元郎改名字改得好。如果再看看如今的皇岗村，立于大都市中心的位置，尽显中国式现代化的威仪，就觉得状元郎改名字改得更精妙了。

讲皇岗村，还必须讲到它的堂号“锦绣堂”，这是皇岗族人同样为之骄傲的名字。庄氏这支曾经移至福建永春桃园里，因有功于圣上，圣上为其祖宗的坟地改名为锦绣堂。当初族人去世后，归葬的是鬼岫山，而如今的锦绣堂，已成了祖宗们永安的名号了。所以，皇岗人在讲到其家族历史时说，“皇岗书锦绣，天水涌文澜”，锦绣联系着家族的光荣，而天水昭示着家族的起源，文脉在其间得到了重要的梳理。

三

如今融入CBD（中央商务区）的发展中，已看不出皇岗有什么独特的生活方式了，但如果讲到当年的皇岗，还是有诸多不为人知的内容。

先说一条，当年皇岗人平时喜欢穿的不是皮鞋，也不是布鞋，而是木鞋，即所谓木屐。是用木板制成的底，用布条、皮条或者麻绳织成襻子，穿起来很清凉，也很麻利。这恐怕是很多人所没想到的，如果在当下不考虑空调因素，热天穿起来肯定会很凉快，只是不能快走，弄不好会摔跤。还要讲一条是皇岗虾米，当地基围滩涂连片，盛产虾、鱼、蟹。特别是虾米，晒干后做成菜肴，味道极为鲜美。当年在周边地区，皇岗虾米也是久负盛名。如今，这些原产地的品牌基本都消失在城市化的浪潮中了，皇岗虾米也成为封存在记忆深处的美味佳肴了。而讲到当年皇岗人最羡慕的职业，医生、司机和猪肉佬，以及三件宝：陈皮、老姜、水稻草，恐怕更是无人知晓，水稻草竟也成了宝，可见当地的经济条件并不是特别富足。比较广东其他地区，陈皮、老姜，也算不上是稀奇的特产。而医生、司机和猪肉佬也基本上是以匠人为主，比起种地打鱼，算是上了一个档次了。

其实对于皇岗本地人来说，要特别讲到的是与香港的联系。深港两地在皇岗这边就是一河两岸，以深圳河为界河，界河以北是深圳，界河以南是香港。本地人原来在河的两岸都有生活，深圳河还不足以作为边界，只是到了1898年中英《展拓香港界址专条》签订以后，新界被租借香港，深圳河才真正将深港切割开。起初居民是可以渡过深圳河到对岸耕地的，来往相对比较自由。后来随着冷战的加剧，深圳作为政治边防的前沿压力也逐步加大，自由出入成为问题。只有在获得过境耕作证以后，才可能进入对岸田地。于是，一批皇岗居民就这样往返深圳河两岸进行过境耕作。耕作的内容包括种植庄稼和养鱼。而过境耕作的放开是1962年，农民过境同时还可以开展小额贸易。实际上从1960年开始，宝安县就已经“利用香港，建设宝安”，实行“三个五”政策，边境地区的农民每个月可以去香港五次，可以带不超过五元的农副产品，回来可以带不超过五斤的物品，价格同样不超过五元。这种小额贸易极大地方便了边境农民，也积极地改善了当地人的生活。

四

讲皇岗，就要讲到文化教育。虽然皇岗本地人不属于客家人，但在崇文重教的传统上一点也不弱于客家人。迁到广东的这支庄姓族人，特别骄傲的是他们出过四位状元，可说是“文”澜壮阔。特别是状元庄有恭，把黄冈改名皇岗，这让当地人一直骄傲到今天。今天村口门楼上的皇岗两字，就说是出自庄有恭的手笔。但对皇岗人来说，还有一点特别值得记住的是，庄有恭还给庄氏后人留下了一副名联：“祖宗几百年人家无非积德，子孙第一等大事莫过读书”，今天皇岗宗祠大门口悬挂着的就是这样一副对联，并教育着庄氏的后代子孙。这副对联讲述的价值观无非就是两条，一条是积德，讲的是积善成德；一条是读书，讲的是读书明理。积德和读书虽然是由庄有恭说出来，但实际上已经成了庄氏宗族关于做人的基本道理。其实类似于这样的对联，不光是状元庄有恭这儿，名震天下的皖南徽商也有这样的对联，并且作为家训流传下来，“几百年人家无非积善，第一等好事还是读书”。说一千道一万，最重要的还是读书与积善，只有这样，家族才能基业常青。

当然，如果庄氏族人还要往老祖宗庄子那儿说，事情恐怕还有点复杂了。庄子认为，生有涯而知无涯，以有涯待无涯，岂不殆哉！认为大可不必将有限的生命浪费在追求无尽的知识上。当然，说归说，如果不识字，不读书，恐怕就到今天也不会读懂庄子，当然也不会去了解他讲的这个有涯与无涯的道理了。庄子的后人尽管还是庄子的后人，但传入其家族的思想已然不是道学，而是儒学了，其根基来自孔子，而庄子并不怎么看得上孔子，这恐怕也是历史开了个玩笑。

说到要写皇岗，一位在图书馆工作的朋友讲了个故事，还特别说到皇岗族人尊师重教的事情。他说，在1947年，深圳出现最早的幼儿园叫琼英幼稚园。这个幼儿园就在皇岗成立，报纸为此还发了启事："吾乡密迩香港，沐西欧之余绪，尚中土之遗风，教育事业向为后人，今更施于稚子，真知所急务矣。"认为教育对于后人，包括对幼儿园小朋友乃是急务，属于头等大事，坐不得等不起。而且启事还说"建幼稚园，其将造福于吾乡子弟者，诚不可以道里计也"，不仅属当务之急，而且是功德无量。报刊上还刊登了幼儿园的小朋友林下游唱的照片。从今天看来，当年皇岗创办深圳第一所幼儿园，就体现了对教育价值的重视，以及教育理念的超前，而包括庄琼英在内的一帮乡绅能慷慨解囊兴办幼儿园，可以说敬重教育成了族人共同的文化基因。

今天看皇岗庄氏族规共九条，主要讲的还是敦孝悌，敬祖宗，笃家族，等等，但特别要注意的是第八条"以立书田以兴教学"，什么意思呢？实际上涉及的是过去大家族中的一个规矩，即以公田的地租所得，作为族中弟子读书的补贴，这就是书田传统。庄氏宗族中，显然已经把读书作为重要大事来予以褒扬和激励。而过去像深圳墟等，也是从墟市所得中拿出部分收入，作为兴办学校的费用，以促进族人的读书行为。这种族规可以说是重要的制度设计，有点类似于现在的读书公益基金，使得后世族人的读书行为有了可持续的经济支持。皇岗的族规第八条，有一段文字特别值得我们回味，“国家养士之典终不废也，另立书田为油灯考试等费，以作养人才，厚待后学”。而值得期待的是，“庶几人文蔚起，学教振兴”。国家能够养士，家族立书田同样能够养育人才。有了书田作为支持，家族很快就会人文昌盛，文化振兴。这些就是在今天读来，也振奋人心。文化兴则国运兴，同样，文化强则家族强，天下家国本同一理。而从今天皇岗股份制公司的分配制度中，就有“皇岗人才基金会”，其中，“庄氏讲学助教补助”就是重要的资助内容。可以说，重视教育已经成为庄氏家族绵延至今的传统了。

皇岗进入改革开放年代，有过二次立村，1988年做初步规划，1993、1997、2000年又分别作过三次大的修订，可谓数易其稿，足见第二次立村更不易，更用心。但无论如何，二次立村，也是在二次立文化。这里有全市第一个村级博物馆，今天的庄氏祠堂就是其重要的组成部分。这里有深圳第一个村级图书馆，当年的藏书就有15万册。村里还有自己的中轴线，自己的文化广场，广场被评为“全国特色文化广场”。远到改名皇岗，近到再度立村，同样少不了的是教育的根基、文化的支撑。

万绿丛中一仙湖

在深圳，要看山看水，差不多都往东走，山的绿，海的蓝，使东部成为寻找自然的最佳去处。这其中就少不了看梧桐山，以及梧桐山脚下一个绝佳的绿色天地——仙湖植物园。园子为改革开放后所建，但已然深深地镶入了这座城市的历史与文脉之中了。

一

仙湖是植物园的名字，那仙湖的名字又从何而来的呢？如果真要溯源的话，仙湖最早的名字叫大坑塘，是一个大水塘，周边是水田和沼泽地。当地原先是客家人栖居，属莲塘村。水塘在客家人的地区称作坑，也叫水坑或坑塘，像龙岗的甘坑就是代表，甚至直接用水塘的名字命名了村庄。在梧桐山脚下的这片不大的水域，就叫大坑塘，原先有客家人寄居，后来成了林场，再后来就成了仙湖。而之所以会有从大坑塘到仙湖的变化，就是因为建设植物园的需要。植物园依山而建，但有水就能活起来，就有灵气，于是就通过疏挖大坑塘，并将梧桐山上流下的溪水拦入其间，从而形成一座人工湖，这就叫仙湖。梧桐山巨大的山体提供了绵延不断的水资源，像植物园里的幽溪，就是从山上流下的一条小溪，沿溪水形成了曲径通幽的绝佳景致。

由此再说说深圳的湖。遍查《新安县志》，其中的“山水略”，讲历史上的深圳地理，凡与水有关的，基本上没有叫作湖的，有叫河的，有叫涌的，有叫海的。至于坑，作为水塘，没有太大的水域，很难登大雅之堂，基本也不会被列到“山水略”中。当然也有叫湖的，比如鹤湖，其实并没有什么湖，而是借个名字而已，从客家的源头梅州等地辗转借过来，作为围屋的名字，讨一份吉祥，也留一份记忆。那深圳今天出现的诸多以湖命名的地方，其实不少是水库，后来是出于旅游开发的需要叫了湖，更多一份亲水的意味。如西丽湖当初就叫西沥水库，而香蜜湖当初就叫香茅场水库。改革开放之初深圳的有名景区“五湖四海”，其中就包括这些从水库改建而成的环水景区或水上乐园。既然叫湖，是后起的名字，就用心得多，也雅致得多。比如西丽湖、香蜜湖就是成功命名的典范。其实叫仙湖，也是一个生动的代表，从一个大水塘，叫成仙湖，感觉是从“土得掉渣”一下子变成了“仙气飘飘”，不仅仙湖被用来命名这片新的水域，整个植物园也叫成仙湖了。确实如此，仙湖成为整个植物园的核心所在，环湖的草坪，环湖的绿树，环湖盛开的各种鲜花，共同组成了仙湖植物园最生动的景观。

二

仙湖植物园实际上就是深圳植物园，而深圳植物园当初并没有选在梧桐山，而是莲花山。莲花山位于城市中心地带，比起位于东部的梧桐山，在这里建植物园，市民更容易抵达，当然人气也会更旺。然而，从植物园本身来讲，莲花山又存在巨大的局限性，一是城市中心地价高，寸土寸金，植物园一旦建成，想要再扩张几乎没有可能；二是抵达方便，但同时也会带来巨大的交通障碍；三是莲花山不高，地形变化不复杂，这就使得植物园为多样物种的保育带来局限性。而在梧桐山建植物园，这些问题尽可以迎刃而解。特别是梧桐山脚下的这块宝地，地形变化多，多种植物可以充分生长。于是，在领导和专家共同研究的基础上，一个几乎确定的方案被改变了，这才有了仙湖以及仙湖植物园。仙湖植物园从1983年设计，1984年启动建设，1988年建成开放，至今已经走过了40多年的历史了。当初的规划设计是由孙筱祥教授主持，孟兆祯教授主持总体设计，北京林业大学的团队共同承担。如果说设计风格的话，重要的是两条，一是因境成景，随着地形的变化和水流的动向设计出各种情景，有因地制宜的功效；二是恪守中式风格，其亭台楼阁都吸取北方建筑平整、稳重、大方的特点，步入其间犹感亲切。特别是园中相关景点的命名更是古意盎然，像山塘野航、芦汀香渡、竹苇深处等名称，更是凸显出特有的幽和雅，而挹露亭、蓑亭等，还有仙湖、仙渡等，就是其间极具代表性的命名。

如果要说整个设计最有想象力的部分，那就是仙湖。有了仙湖，正如其中的对联所写，“梧桐远影葱茏在，海浪涛声断续来”，或者是“一望尧天舜地，四围水色山光”，有山有水，这才算自成仙境。而要讲仙湖，湖中有岛，又更显飘逸，更有瀛壶之感。湖的东侧设有长岛，命名为药洲，更寓仙驿，岛上人迹罕至，所以成了各种野生动物的天堂。其实，仙湖的设计也并非全是独创，广州的九曜园，就是其借鉴的经典之作。这是现存中国最早的皇家园林，特别是药洲一景，更是完全取自九曜园的创意，只是用在仙湖这里，似乎更显贴切。

环湖地带是最好的地段了。而就在这里，有邓小平、江泽民、杨尚昆等的手植树，尤其是小平同志的手植树，长势葱郁，至今还留有小平同志为树苗挥铲培土、提桶浇水的照片。手植树为岭南特有的高山榕，寓意着高瞻远瞩，站得高，看得远。而更有多篇以高山榕命名的诗文，表达对小平同志的深切思念。就在这片临湖的广场上，曾经举办过多场森林音乐会，以高山为背景，以森林为衬托，成为广东省首个大型户外森林音乐会的品牌。正如有文章所写，“在森林环抱的露天草地和星空下聆听天籁之音，感觉与大自然融为一体”。如今的莲花山音乐节可以说是直接受到了仙湖森林音乐会的启发和影响。

三

讲仙湖就要讲到弘法寺，这是中华人民共和国成立以来第一座被批准建立的佛教寺庙，位于仙湖之上、梧桐山的半腰。远远望去，白墙黄瓦，飞檐翘角，庄严而宁静。弘法寺与仙湖植物园密切相关，在最早的植物园设计图上，就有弘法寺的安排，是作为园区的重要配套。只是当初不叫弘法寺，而叫梧桐别院，这是从园林规划角度来进行命名的。在植物园中建寺庙，有利于发动信众，远则吸引港澳同胞来此膜拜，便于进一步加强香港与深圳及内地的联系。

据说当初梧桐山半腰就有庙，攀越梧桐山的古道连绵至此。过去生存环境较为恶劣，古道上常有尸骨遗存，在此建庙也有镇邪祛魅之意。当然，当年的土庙与今天的规模相比，已不可同日而语了。

弘法寺从1983年开始筹备，到1985年正式动土。名称也从梧桐别院改成梧桐寺了，作为佛门圣地，命名也越来越具有独立的含义了，其规格也不断变高，从深圳市园林公司所属，一直到由中国佛教协会直接管理。弘法寺的最终定名是由中国佛教协会会长赵朴初先生起的，意为“弘法利生，护国佑民”。一开始还有叫仙湖弘法寺的，后来就叫作深圳弘法寺了。赵朴初先生对弘法寺建设极为重视和支持，在寺庙建设一度面临停工的状况下，他反复协调全国政协和广东省委，终于使建设工程得以顺利推进，并于1990年正式对外开放。赵朴初先生对弘法寺的一大贡献就是，从当年的光孝寺请来了德高望重的本焕长老，由本焕主持弘法寺的建设和运行。本焕长老当时已70高龄，从丹霞山一路颠簸来到深圳，并从深圳火车站徒步来到梧桐山。这位在1949年就担任著名的南华寺住持的大和尚，为弘法寺可谓倾尽了心血，可以说，没有本焕长老，就没有弘法寺的今天。所以在本焕长老圆寂之后，他的弟子印顺才深情地说，“梧桐山草木由兹皆得佛性，仙湖碧波从此朝夕氤氲”。而正是在这之后，印顺等一众弟子继承衣钵，推动弘法寺事业发扬光大。2017年弘法寺二期工程顺利完工，弘法寺发展又迈上了一个新的台阶。

四

有人曾经比喻，说梧桐山延展开来像一条巨龙，而仙湖就是它的眼睛，明亮、闪烁。

讲仙湖，肯定要讲到梧桐山，没有梧桐山的溪水，就不可能有仙湖的碧波荡漾。梧桐山是深圳第一高峰，不仅山势巍峨，而且山水相连，水波荡漾。往东南是大鹏湾，湛蓝的海水相环绕，往西边是东湖公园的深圳水库，浩大的水域彻底解决了香港居民饮水难的问题。当年从一句“一定要把深圳水库建设好”开始，愣是从崇山峻岭中开辟出水道，建成偌大的库体。而仙湖虽然水面并不大，但也是点睛之笔。

讲仙湖的仙，恐怕得说到梧桐山的仙。梧桐山树木葱茏，雾气缭绕，让人觉得仙气飘飘，而山里溪水流动，更多了一份清静与灵动。在一场大雨或暴雨之后，常常见到有溪流瀑布飞流而下，宛如白色的蛟龙。梧桐山作为当年的新安八景之一，一直有“凤凰栖于梧桐，仙女嬉于天池”之说。实际上，梧桐山并没有梧桐，所谓的梧桐是一种学名叫鳌树的树种，黄白相间，呈伞形，属阔叶类，当地人爱称之为梧桐。而天池之说，是因为当年山顶有偌大的水面，叫天池，于是就有仙女嬉戏于此的传说。有意思的是，深圳的第二高峰叫七娘山，也叫大鹏山，之所以叫七娘山，也是因为传说中有七仙子仙游于此。都说山之巍峨，但从梧桐山、七娘山看，当地人却更愿意在雄壮之外，赋予山一层娇媚的意义，更有一种水灵灵的气质和一种仙气飘飘的气象。

查嘉庆《新安县志》的记载，“梧桐山，在县东六十里，三峰秀拔，周匝数十里，山阴垂距东洋，山阳延衺境内。顶有天池，深不可测，多梧桐异草。山下有赤水洞，邑之祖龙也”。所以仙湖的得名，也不是凭空所想，而是承续了这方土地的文脉。传统也因此绵延不绝。而再看当年布政使祈顺写的诗：“梧桐山，高倚天。冬来积霜雪，雨后多云烟。山中奇植人争宝，茏葱之竹龙须草。更有梧桐栖凤凰，紫云枝叶年年好。我欲剪梧桐，掣琴献穆清，坐弹南薰歌太平。又欲召凤凰，来仪天子庭，效灵堪与龟龙并。凤兮不来梧欲老，目极空山无尽情。”如果诗人祈顺目睹了改革开放以来梧桐山的变化，仙湖的景象，恐怕就不会有“凤兮不来梧欲老”的慨叹了。

五

讲仙湖，还是得讲到植物上来。植物园保存的活性植物种类约12000种，无疑是华南乃至中国极为重要的植物保育基地，这其中包括苏铁、木兰、苔藓、蕨类等重要类群。最想说到的就是苏铁，苏铁是现存最早的种子类植物，距今约3亿年。全球苏铁类的植物仅存10属约350种，而仙湖植物园就有10属约240种，是国家苏铁资源重要的保育中心。苏铁最知名的有两条，一是它与恐龙同时代，是恐龙的主要食物。恐龙早就从地球上消失了，而因为特殊的地理和气候原因，苏铁却依然存活，所以尤显珍贵；二是苏铁又称为铁树，生长极其缓慢，所以称铁树，而铁树不开花几乎是铁律。偏偏生长在深圳的铁树，因为气候原因，常常能一年见到开花一次，千年铁树开了花，也像得了仙湖的仙气。在深圳还有一处苏铁树种尤为繁盛，那就是梅林水库的后山，那里成了不大不小的苏铁养育基地。当年艺衡先生也是有感于苏铁的仙气，在四首写梅林水库的诗里专门写到苏铁，“一城灯火三面山，库如大隐闹市边。更有苏铁舒凤尾，分明上天谪草仙”，直接把苏铁比为上天贬到人间的草仙了。说苏铁是草仙，一是枝叶摇曳多姿，一是活得年久，所以苏铁又被称为活化石。而仙湖特别值得说的，还真有这样一片古树的化石。这批化石资源弥足珍贵，当年差不多是半买半送，由深圳拿到了这批化石，然后又通过拼接的方式，让这批化石仿佛生长在园中。

而讲仙湖的植物，特别要讲到沉香树。1997年香港回归祖国，由共青团深圳市委发起，港深两地青年朋友共同参与的植树活动，为仙湖留下了永久的记忆，家国情怀、历史情感共同交织在这片林子里。从1997年到现在，20多年过去了，当初的树苗也已长大成林，而当初参与植树的年轻人也大多成家立业、人到中年了。特别要说的是，树苗栽下去刚好是一幅中华人民共和国地图的模样，表明心向祖国、情系华夏。

破 冰 者

当位于龙华的深圳美术馆新馆和深圳图书馆北馆悄然开始试运行的时候，人们仿佛才意识到深圳又翻开了一个新的文化篇章。新时代十大文化设施已经登场了，而那个静静地躺在东湖公园一角的深圳美术馆已然成了“老馆”，突然就有些怀旧的意味了。而深圳图书馆从当初的老馆，到中心图书馆，再到北馆，已然是三个轮回了。故事得一个一个地讲，不妨就说说深圳美术馆老馆。

一

现在讲深圳文化发展，都会讲到改革开放之初的八大文化设施建设，像深圳博物馆、深圳图书馆、深圳科学馆等。而正是这八大文化设施，使深圳作为新兴的现代城市，才形成了自己文化设施的框架体系，深圳也算是有了真正的现代城市意义上的文化存在。在八大文化设施之前，深圳有没有较大规模的文化设施呢？答案是肯定的，一个是建于1958年的深圳戏院，另一个就是建于1976年的深圳美术馆。深圳戏院在1994年重建，而深圳美术馆如今也有了自己的新馆。深圳美术馆当初并不叫深圳美术馆，而叫深圳展览馆，直到1987年才更名为深圳美术馆。而深圳展览馆1976年建成时，全名也不叫深圳展览馆，而是叫宝安县社会主义教育展览馆，深圳展览馆是简称。而这个展览馆也是旧址，当初是深圳水库的劳动大学，在一场台风之后变成断壁残垣，后来在此基础上重建，才成了深圳展览馆。深圳展览馆和深圳水库是邻居，一个属深圳管，一个属省里管，即省属的东深供水公司。因为所属不同，两家走动其实也不多，但彼此之间确实有个因果在。有了深圳水库，有了东深供水，香港才算真正解决了水荒问题。水暖香港，香港对深圳、对广东、对内地在心理上有很深的感念，当年许多香港人来深圳就是想看一眼深圳水库，看一眼这个凿山引水而来的水源。当时香港和内地之间还没放开个人旅游，很多香港人常常搭乘大巴集体前来参观，并在水库大坝上留影，而深圳展览馆就坐落在这个坝体上。正如深圳戏院是出于香港和内地同胞交流而建的设施，有统战和外宣的意义，深圳展览馆的建设也不例外，就是要让香港同胞在参观深圳水库后，通过展览了解当年宝安县乃至广东省的发展情况。

随着改革开放和经济特区事业的发展，深圳展览馆的政治属性逐步淡化，而文化属性却日益突出。尤其是在美术领域，深圳展览馆逐步成为香港与内地美术交流的重要窗口和美术品交易的重要平台。改革开放之初，一批曾经在政治运动中受到迫害和冲击的著名书画家重操画笔，推出诸多精品佳作。而这些书画家在香港、海外又久负盛名，其作品自然成为被追捧、收藏的对象，深圳美术馆就此建立起了桥梁。它的发展有两点特别令人难忘，其一，这是一个比深圳这座城市还要年长的美术馆，它在没有任何藏品的基础上开拓发展起来。美术馆在国外又称艺术博物馆，是以一定艺术品收藏为基础的。而深圳美术馆可以说是从零收藏起步，边办展览边收藏，一步步积累家底。深圳美术馆收藏的价值，据说已经是深圳美术馆这座建筑价值的三倍多了；其二，深圳美术馆真正是开放的窗口，改革开放后大批的中国艺术家作品被推向海外，充分展示了当代中国美术的实力及巨大影响力。而这些画作在海外逐步占据市场，带来巨大的经济收益，甚至成为当年创汇的重要手段。

二

讲早期深圳美术馆的发展，必须得提到两个人，即雷子源和邵宇。当年深圳展览馆建成，正值1976年毛泽东同志逝世，雷子源按照当时组织上的要求，要化悲痛为力量，将深圳展览馆办好。于是，雷子源白手起家，开始谋划策展事宜。第一个展览就是“广东省美术作品展览”，邀请一批广东书画家在深圳展览馆开展。这次展览影响广泛，特别是影响到一个重量级人物，即时任人民美术出版社社长的邵宇。他很感振奋，并反复提醒雷子源，要与北京联系，要吸引国内更多重磅画家，于是邵宇与雷子源携手，这就有了1977年的“北京荣宝斋木板水印暨书画原作展”。深圳美术馆至今还收藏一幅速写，即出自邵宇之手，画的就是深圳展览馆的外景。有评论指出，该速写“线条流畅，外形准确”，“山、水、树则用大面积色彩表现，云淡风轻，碧波荡漾，远山苍翠，近树葱茏”，体现的是作者深厚的功力，还有对深圳美术馆的深厚情感。

有邵宇的力荐，有雷子源的热情邀约，这次展览非常成功。老一辈画家像李苦禅、蒋兆和、朱屺瞻、程十发、吴冠中、唐云、赖少其等都亲临展馆。这次展览也成就了深圳美术馆的第一批藏品，而今天的深圳美术馆能有丰富的高水平的馆藏，也得益于这批名家的支持。

从荣宝斋的展览之后，深圳美术馆像“开了挂”，一批高质量展览陆续拉开帷幕。转过头的1978年，由宋文治推荐的“江苏省、上海市美术作品联展”开展，一批来自江南的画家正式登场，不仅展览成功，而且像宋文治等一批画家就此落足深圳，开启了与深圳一生的情缘。而一些更高水平的个展也反响热烈，像吴冠中作品展、蒋兆和画展、邵宇画展、朱屺瞻画展等陆续开展，就是国家级的美术馆，能陆续有如此高段位的画家参与办展，恐怕也并不多见。而到了1985年，由深圳美术馆牵头举办的深圳美术节，吴冠中、关山月、石虎、王子武、李世南等32位著名书画家参与，可谓名家云集，佳作迭出。不仅有展览，还有写生、现场创作、美术研讨等，深圳美术节变成了一场美术界的盛会。

而再要说到的就是深圳美术馆建馆40周年之际，即2016年举办的“登高望远——纪念深圳美术馆建馆40周年百位中国画名家特展”，饶宗颐、王子武、李世南等大众耳熟能详的名家都参与了展览，尤其是饶宗颐先生还亲笔题写“登高望远”的画展名称。难得的是一批与深圳美术馆有过交集的书画名家都接受了采访，表达了对中国画的理解和期待，也表达了对深圳美术馆的眷恋之情。有了这些名家的加持，有了深圳美术馆与这些名家感情的维系，深圳美术馆办展览搞活动才可能风生水起，如鱼得水。像40周年展，中国美术馆三任馆长冯远、范迪安、吴为山，中国美协两任主席靳尚谊、刘大为都接受采访，为深圳美术馆叫个好，这种情况都尤为难得。

三

讲名家对深圳美术馆的支持，特别要讲到几个故事。首先从馆名讲起，深圳美术馆一开始叫深圳展览馆，而题写这个名字的是郭沫若。当年雷子源认识了邵宇之后，就特别想委托邵宇请名家为深圳展览馆题名，想来想去就想到了郭老。邵宇真的答应了，并找到郭老，郭老欣然同意，并在题写之后亲自寄到了深圳。而到1987年，深圳展览馆改名为深圳美术馆，请李可染题字。当时是经过李行简、李宝林两位书画家的引荐，他们都是李可染的弟子，于是李可染欣然手书。当然，当年荣宝斋的展览中，李可染先生的作品也成为其中的佳作。

讲深圳美术馆与美术大家的交往，原馆长张燕方总要谈到一个人，那就是范曾。深圳美术馆建馆有一幅六尺整纸的画作《老子出关》，就是范曾的佳作，这是深圳美术馆40周年之际收到的第一幅捐赠作品，可见范曾和深圳美术馆的感情。当时张燕方亲自去北京大学朗润园中国画法研究院拜见范曾，并对范曾进行访谈。范老见到张燕方馆长非常高兴，对深圳美术馆建馆40周年展览活动非常支持，当场赠画。其实早在1996年，范曾也曾就向深圳美术馆捐赠过两幅作品；在1986年，深圳美术馆建馆10周年，范曾也曾题字“博文　敏求　格物　致知”，对深圳美术馆寄托了巨大的期望。就在1996年，范曾专门在深圳美术馆办画展，当时10元一张门票，观众如云，连大门都要被挤破了。不仅范曾，他的儿子范一夫举行山水画系列巡展，首站就设在深圳，足见父子两代书画家与深圳美术馆的情义。其实类似于两代人交情的，还有像李苦禅、李燕父子。当年的荣宝斋展览就是由李燕主持，而李苦禅就是其中著名的大家，而且父子俩在深圳美术馆还举办了联合画展。至于讲到当年推荐办“江苏省、上海市美术作品联展”的宋文治，更是与深圳美术馆有深厚的情缘，他的儿子宋玉明作为人才直接被引入深圳，后来还担任了深圳美术馆的馆长。

还要说到的就是我们隔壁香港的国学大师、著名书画家饶宗颐。他特别钟情于深圳美术馆。早在2009年，饶宗颐就在深圳美术馆举办“我与敦煌——饶宗颐敦煌学艺展”，而2016年深圳美术馆建馆40周年举办的特展，就是饶宗颐题写名称，并且还撰写了《至勤禅师偈无言联》“青山原不动，浮云任去来”，同时展出了他的绘画作品《珠笔荷兰》。饶老斯人已逝，但他的作品已成为深圳美术馆永久的收藏了。饶老与深圳美术馆的情谊，也见证了深港两座城市深厚的文化联系。

四

都知道改革开放以来，深圳成立的第一家深港合资的文化企业叫博雅，早期来深圳的人会到博雅去买文具、文房四宝，还有艺术类图书等；但很多人恐怕不知道，深圳博雅艺术公司的前身是博雅画廊，而博雅画廊就是由深圳展览馆与香港博雅艺术公司联合成立的，后来又接纳了深圳市文化服务公司，联合组建了深圳博雅艺术公司。成立博雅画廊的提议是当时的广东省委书记兼深圳市委第一书记吴南生（当时广东省委主要领导称为“广东省委第一书记”），可见画廊成立的规格之高、力度之大。雷子源是展览馆的馆长，后来转至博雅画廊做董事长，全力推动博雅业务的拓展。博雅画廊成立的目的是以文养文，这在当时是一条文化单位自我生存、自我发展的重要路径。因为当时财政比较紧张，文化发展又急需经费，于是政府鼓励相关文化单位努力创收，以解决经费和收入不足的问题。而博雅画廊作为以文养文的企业，成立伊始确实取得了不俗的业绩。到1984年，画廊开业三年时间已收回全部投资，并组建博雅艺术公司，对业务做了更大的拓展。其经营范围包括工艺美术服务、传统工艺品、文物进口、图书、文化用品，但始终离不开老本行，经营中国现代书画。

值得一提的是，当时中国书画市场还刚刚起步，与海外差距较大，这其中巨大的差价使美术品出口成为重要的业务。特别要讲到当时深圳展览馆的经销部，这是最早开始书画经营的。查看当年深圳展览馆的国画清单，齐白石作品也就1200—1500元，而李苦禅的1200元，黄胄的2500元，这种情况比比皆是，吴冠中的三幅作品连5000元都不到，作品价格都低得不能再低。更有意思的是，深圳美术馆收藏的吴冠中水墨作品《夜重庆》，当时美术馆以23.6元就购得了。与现在书画市场比，可谓天壤之别。

而博雅画廊、博雅艺术公司就是在此基础上打开书画市场的空间，特别是进一步打开了面向海外的大门，如1984年春节和纽约东方画廊联合举办“中国书画大展”，以及1985年博雅与荣宝斋在香港大会堂举办“中国书画展览”，都取得了非常好的市场效果。今天全国书画市场方兴未艾，与深圳美术馆、博雅艺术公司当初的培育与打通海内外市场也密不可分。

五

记得早些年，香港有香港书展，上海有上海书展，唯独深圳没有深圳书展。虽然深圳是两次举办过全国书博会的城市，但此前尚未举办过自己的书展。终于在2019年7月，在南国书香节期间，深圳会展中心举行了首届深圳书展。但如果真要讲“首届”的话，恐怕还得往回溯，那就是1983年4月的深圳书市。这次深圳书市的举办，并不是由传统的新华书店运作，而是由深圳博雅画廊与香港中华书局联合举办，地点也不是在传统书店，而是在深圳展览馆，也就是后来的深圳美术馆。

那次书市的特点有三个：第一，选取海外版图书1万种；第二，全国公共图书馆及大学图书馆是主要的服务对象；第三，市场效果好，销书十多万册，总金额170万元。改革开放之初深圳常常被视为“文化沙漠”，而恰恰是这个被视为“文化沙漠”的经济特区，却开创了向全国供应图书的先河。博雅画廊的贡献不仅是美术意义上的，也是图书意义上的。到了1984年，博雅画廊又与香港中华书局、日本东方书店举办第二届深圳书市，而第二届书市则是在美术与图书的结合部位大放光彩。这就是，海外版艺术类图书令全国图书行业，特别是美术出版界大饱眼福，5000多种图书受到热烈欢迎。

而有意思的是，首届和第二届深圳书市都碰到了问题。首届书市结束后，广西柳州传来消息说，书摊充斥“港台神怪凶杀小说”，认为这些港台图书是通过深圳书市购进的，要求进行处理。而深圳方面回应：一是，深圳书市有武侠小说，但都是经过审书小组赴港审查的，且是从以梁羽生和金庸为主的小说中选取的，质量要好过那些内容荒诞的武侠小说；二是，书市是针对图书馆等公家机构，不接受个人订购，有些武侠图书是以不当的方式流入社会的。好在此后并没有更多深究。

而第二届深圳书市期间，有不少画册被海关扣留。理由是，一些有裸体素描的美术书涉嫌黄色书刊，必须没收。而当年主持书展的雷子源解释说，人体素描是画人体，是绘画必要的功课，当年刘海粟画人体也进行过抗争，并取得突破。宣传部门对此都进行过审查，但整个社会似乎并未形成有效的共识。当年媒体记者报道这一事件时认为，这场画册风波实际上是一场观念风波，要完全解决问题还需要时间。

经济特区建立以来，深圳在市场观念、文化观念等方面一直走在全国前列，起引领作用，而透过当初的深圳美术馆，透过早期的深圳书市看，这种破冰之举就已经开始了。

看 见 深 圳 七 千 年

讲起深圳大都是从改革谈起，从创新谈起，最起码你会讲高科技、讲青春城市、讲时尚之都。总之，都是新事物。而如果要讲文物博物，讲旧事物，恐怕不是这个城市的性格。记得跟外地人讲深圳的文博，最先想到的不是文物博物，而是文化产业博览交易会，即文博会。讲文化产业，讲文化的生产与创造，这也会讲到深圳，而讲历史遗存似乎与深圳没有多少关系。今天我们就要讲讲深圳博物馆，这样一个殿堂级的存在，看看这座城市是如何处理与历史的关系的。

一

要讲市委老干部局和市博物馆这两个离得很近的单位，恐怕找不到多少联系，而且也分属两个不同的系统。但如果说，位于上步路与深南路交叉路口的东北角，也就是今天的深圳市委老干部局，当年是片荔枝林，恐怕没什么人能记起了。而就在这片荔枝林里，曾经就有深圳博物馆最早的馆址，当年有三间铁皮房，既是保管文物的库房，也是考古人员的住所。而当年物资供应并不充足，一些考古人员夜里肚子饿，就会到旁边的荔枝林里挖一些红薯来充饥。同样还有一张老照片，显示的是就在今天深圳博物馆老馆的地方，燃着一堆篝火，来自全国各地的博物馆专家和建设者们围坐在篝火旁，脸上尽是朴实而充实的微笑。这就是最早的建设深圳博物馆的工地了。而照片中的这些年轻的面孔，如今大多已经两鬓斑白，加入退休老同志的行列了。

讲到深圳博物馆的建设，还得回到20世纪80年代深圳的八大文化设施。这其中就包括深圳图书馆、博物馆、大剧院、电视台等，可以说基本搭起了深圳作为一座现代城市的文化设施的框架体系。要知道，当年的财政还很困难，需要的正是决策者“勒紧裤腰带也要办文化”的决心与意志。具体说到深圳博物馆，1981年8月，深圳市文化局给市委宣传部报送关于成立深圳博物馆的请示，希望设立一个专门机构来管理文物工作，而博物馆正是文物工作的重要基地，需要建设。市委宣传部对此很重视，同意市文化局意见，并请市委编办予以支持，而市委编办随即批复同意设立，给了5名编制，经费从市财政局的文化事业经费中支出。有了人有了钱，深圳博物馆的事业就算是正式起航了。要知道，1980年8月深圳经济特区才建立，到1981年8月才一年时间，深圳百废待兴，挣钱抓经济是当务之急，而文化竟然已经成为一种自觉，并已经登堂入室了。而博物馆报件从宣传部到市委编办，只用了两个月时间，这不能不感慨当年的深圳速度和文化自觉。其实在此期间，深圳的考古工作者就已经由杨耀林同志，即后来的深圳博物馆馆长，执笔草拟了关于建立深圳博物馆的报告，这与市文化局的意见可谓不谋而合。而综合了两方面的意见，市文管办当初就设在市博物馆，办公室主任由博物馆馆长兼任，博物馆同时就代行了全市文物管理工作之职。博物馆当初由市委编办下文的名称叫“深圳市经济特区博物馆”，只是到了后来才改回到“深圳市博物馆”，后来又叫“深圳博物馆”。

博物馆1982年动工，1988年建成。由于专家资源缺乏，要建一个高水平博物馆还是困难重重。但经济特区文物工作者主动向各地博物馆学习，大胆探索博物馆建设的新创意和新路子。尤其是设计师周汇芳，从香港博物馆建设中得到诸多启示，至少其所设计的理念改写了传统博物馆的定义，一是楼层与楼层之间没有台阶，只有螺旋形的坡度，便于上下；二是多设规模不大的展厅，便于更多的精品展出。尽管从今天看，深圳博物馆仍有诸多不如人意之处，但在当时，已是全国最现代化、最先进的博物馆了。深圳博物馆老馆前有一个雕塑叫《闯》，一个健壮的勇士奋力挣开门框的束缚，要闯出去，闯出一条新路。深圳的事业靠闯，而深圳博物馆的事业从无到有，同样也是靠一个“闯”字。当然，当初建设的博物馆现在叫老馆了，又被称为古代艺术馆，而所谓的新馆在市民中心的东头，又被称为深圳民俗馆。

二

深圳博物馆的建设与深圳文物考古工作密切相关。当初市文化主管部门和文物工作者申请建设博物馆的一个重要理由是，深圳考古发掘的文物需要妥善保管，所以有必要成立博物馆。当然，申请报告中还曾讲到一个理由，今天的人可能难以理解，那就是“开展文物展销业务，为国家争取外汇收入”。这条奇葩理由从报告伊始就是空想，当然无法实现，而所谓门票收入也寥寥无几，在实现公共文化服务零门槛的今天，免费进馆已是老百姓当然的文化福利了。深圳博物馆从诞生之日起，与本地出土文物具有不可分割的联系。而深圳博物馆从一开始就具有考古发掘的职能，只是到了后来，随着文博事业发展壮大，考古发掘的职能才从博物馆剥离出来，并形成了各自独立的机构。

先说两件往事，一是马思聪先生当年应邀在深圳戏院进行钢琴演奏，当年的宝安县竟然找不出一架钢琴来，最后是马思聪先生自己带着钢琴来表演。演出结束后，他出于对深圳文化事业的支持，将自己演奏的钢琴捐给了深圳戏院。而就是这架钢琴，如今已成了深圳博物馆的重要藏品。再说一件事，南山的天后宫曾经是皇家批准建设的东南沿海规模最大的天后庙，属官办性质，规格高、规模大。现在重修的天后宫占地只相当于当年的1/10。更遗憾的是，重修的天后宫几乎找不到当年的文物遗存了，而唯一庆幸的是当年天后宫的一对威风凛凛的石狮子，现在还在，只是存放于今天深圳博物馆门口，这也是当年深圳博物馆的考古工作者的成效，要不然天后宫真的无法用任何文物来佐证了。深圳博物馆之所以与考古工作关系密切，原因就在于深圳大规模的开发建设，开发建设既能使地下的文物得以重见天日，又分分钟使文物从重见天日到楼高不知处了。据说当年这些考古工作者在发掘现场常常被一批当地人所围观，而就在不远处停放着一台台大型推土机。深圳博物馆即使历史文物浮出地表，又将它收归馆有。盘点深圳博物馆收藏的本地文物，最有价值的应该是两件出土文物，算是两件宝贝，一是东汉时期的乘法口诀铭文砖，上面清晰地刻着“三九二十七”“九九八十一”等乘法口诀，而且系当年砖坯未干时所刻。乘法口诀铭文砖已被鉴定为国家一级文物，它曾参加过国家文物局举办的中国文物精品展。第二个宝贝是一对元代彩绘梅瓶，花纹绚丽，造型优美，被认为是不可多得的艺术珍品。元代的文物遗存本就稀缺，在深圳出土元代的梅瓶更是弥足珍贵。这两件宝贝被认为是深圳博物馆的镇馆之宝恐怕也不为过，一是证明了这座年轻城市同样有历史，二是这座年轻城市同样可以在国家级文物展览中崭露头角，一显风采。

从考古事业看，深圳经济特区的发展遵循的几乎就是并行的看似矛盾的逻辑，一方面是地上的往前看，一座座新楼拔地而起；一方面是地下的往回看，一件件出土文物将深圳的历史一直往回溯，甚至回溯到了7000多年前。就在深圳博物馆成立之前，深圳考古工作者就已经举办了深圳有史以来的第一个出土文物展，地点就在当时的深圳戏院，还是租借了100多平方米的场地，花了100多元。香港《文汇报》对此作了专门的报道，认为这些从新石器时代到清代的出土文物价值连城。要知道，深港同源，历史上同属宝安县，深圳出土的文物不仅证明了深圳的历史存在，也证明了香港的历史存在。而深圳博物馆在对这些出土文物进行研究的过程中，不仅大大拓宽了深港的历史视野，而且刷新了对环珠江口历史的研究。就是在今天，要加强粤港澳大湾区的文化联系，增强文化认同，这些出土文物都能发挥重要作用。

三

都知道《大潮起珠江：广东改革开放40周年展览》，这是2018年10月推出的，主要反映改革开放40年来广东所做的探索和取得的辉煌成绩。展览在深圳、广东乃至全国上下引起了强烈反响，也坚定表明了改革不停歇、开放不止步的决心和信心。要说明两点，这个展览放在深圳，但讲的不仅仅是深圳，而是整个广东的情况；第二，这个展览虽然放在当代艺术馆，但作为常设展览，实际上是隶属于深圳博物馆管理。深圳博物馆主要参与了文案撰写和展陈工作，用博物馆老馆长叶扬的话讲，馆里的同志光在展陈现场，就搭起了50张行军床，加班加点早已是常事。而直到现在，该展陈的讲解和运维也是由深圳博物馆来承担的。就在2020年10月，深圳经济特区建立40周年之际，关于深圳改革开放发展的专题展览《从先行先试到先行示范》在前海展出，主要参与者也是深圳博物馆。展览把深圳走在前列、勇当尖兵的实践与成就，作了生动而权威的展示。

讲深圳博物馆，其实它最大的特色就是改革开放史的收藏、研究与展陈。这座在改革开放大潮中应运而生的年轻城市的博物馆，感恩于改革开放，得益于改革开放，同时也以改革开放主题的极富成效的挖掘与整理，回馈改革开放。三任总书记曾经参观过深圳博物馆主要参与筹备的展览，近的就是习近平总书记参观过《大潮起珠江》和《从先行先试到先行示范》，再往前是胡锦涛总书记参观过2008年的深圳改革开放展览，江泽民总书记参观过1990年深圳经济特区建立10周年成就展。从深圳改革开放主题展陈来说，深圳博物馆功不可没。就是在全国同行中，深圳博物馆的这一主题展陈也是非常具有影响力，如1995年深圳经济特区建立15周年，深圳博物馆主要参与的深圳市经济社会发展成就展，就入选全国博物馆的十佳展览。那时候，深圳博物馆建成开馆也就7年时间。

深圳博物馆从成立之时起，就把改革开放文物的征集、改革开放史的研究放在特别重要的位置来推进。其所征集的文物涉及工业设备、入关物证、电子用品等，而其中比较有影响力的，如1987年深圳土地使用权拍卖所用过的拍卖锤。这是当年梁振英先生赠送给深圳的，后来他还做了香港特首。这把拍卖锤已经被认定为国家一级文物。还有像小平同志当年在深圳视察时坐过的中巴车、在迎宾馆坐过的沙发等，至今还让人想起小平同志对深圳的深情厚意和重大影响。很多人对古代文物的概念非常清晰，对当代的物品却很难认为是文物，而深圳博物馆这种自信自觉则比较早，也比较坚定。不仅如此，深圳博物馆开风气之先，主动开展对改革开放史的研究。深圳博物馆的经济特区研究部就曾经申报并获得中国经济特区创业史这一重点社会课题，其在1995年和2000年分别出版的《中国经济特区创业史》《深圳特区史》，成为国内较有影响力的经济特区历史研究专著，也是“当代人写当代史”的典型案例。正是由于这些研究，博物馆所做的改革开放主题展览才会可信度高，可靠性强。当年深圳博物馆的老馆长黄崇岳，作为中国人民大学的教授调入深圳博物馆主持工作，对博物馆学术体系的建立功不可没。

四

除了深圳本地出土文物和改革开放文物外，深圳博物馆的基本馆藏也是走了一条超常规积累的路。如果说“先建馆再收藏”也是博物馆事业发展的路，那深圳博物馆就为此做出了积极的探索。现在还可以找到当年的一份文件，那就是国家文化部文物事业管理局，即国家文物局所发的《关于支援深圳博物馆文物的我局意见及致有关博物馆的函》，号召陕西、山西、河南等文物大省尽力支持深圳博物馆藏品征集工作。与此同时，深圳博物馆也是主动出击，多方联系，为积累馆藏用尽一切办法，“磨破嘴”“跑断腿”。在1996年，由时任市委书记厉有为同志亲自协调，从河南省博物馆等获得两批调拨文物共673件，特别是其中的青铜器藏品尤为丰富和珍贵，这使得深圳博物馆的青铜器收藏在全国占了一席之地。而像著名历史学家邓拓先生的夫人丁一岚女士、中山大学教授商承祚先生的捐赠，也使得深圳博物馆的收藏蔚为壮观。其中有两类文物收藏来路也尤为独特，一是当年港英政府移交的一批收缴的走私文物给深圳博物馆，二是市各相关单位罚没的文物划拨给了深圳博物馆，这算是口岸城市建设博物馆所特有的优势。

在这些收藏品中，特别值得关注的是一些名家的字画，像明代著名书法家祝枝山的草书作品、杜牧的《晚晴赋》和张九龄的《荔枝赋》，都是珍品。还要提到两件书画作品，是当代名家所作。一幅是刘海粟先生的作品，1987年他从广州来到深圳，为经济特区火热的生活所打动，亲自为深圳创作了大鹏奋飞的画作《大鹏展翅九万里》，相信深圳的未来一定像高飞的大鹏前途无量。另外，刘海粟先生还题写了“云移怒翼搏千里，气霁刚风御九秋”的诗句。还有就是赵朴初先生题诗、千家驹先生作跋、黄苗子先生题字、王璜先生作画的《西丽湖图》长卷，更是特别珍贵。那也是在1987年，诸位先生到深圳西丽湖作一番畅游后，雅兴大发，于是便有了这幅大作。这两幅名作由吴南生先生和市机关事务管理局分别捐赠给了深圳博物馆保存。一批名家都为深圳博物馆建设作出贡献，像叶浅予先生捐赠给深圳博物馆的个人的抗战漫画，还有启功先生来深圳博物馆亲自鉴定文物，星云大师在深圳博物馆展览其一字笔书法及禅语作品。虽然深圳博物馆的古代文物并不多，但其举办的有影响的展览却并不少。像以《剑舞楚天》为名的湖北出土楚文物展，以《三秦瑰宝》为名的陕西出土秦汉唐文物展，以《晋国霸业》为名的山西出土两周时期文物精华展，以《盛世侧影》为名的河南博物院藏的汉唐文物精品展等，都是极有分量的展览，其中展出了包括越王勾践剑这样的稀世珍品。

文化需要积累，文物、博物的收藏与研究更是需要多少代人的共同努力。但深圳博物馆就像这座年轻城市的文化发展一样，走的就是超常规发展的路。既讲效率又有特色，同时还要实现高质量，深圳博物馆此前有，相信今后也会有令人刮目相看的表现。

湖山秀聚，贝树春荣：湖贝老村的往事

在罗湖区的中心地带，差不多算是寸土寸金的地方，竟然有一大片老宅子，这就是湖贝老村。村里的建筑还是很讲究的，叫“三纵八横”，三条街，八条巷，方方正正。虽然老宅子很破旧，如今已无人居住，但走过这些老街老巷，仿佛还能听见历史的足音，仿佛还能感受到这些宅子里本地人的生活和交往。

一

如果讲湖贝老村要联系到电影《长安三万里》，一定有人会认为挺扯的，但事实恰恰如此。《长安三万里》的核心人物是高适，而高适的生命中有两个贵人，一个是张九皋，一个是哥舒翰。有了哥舒翰给的机会，高适才能领兵打仗，并立下赫赫战功，成为唐代诗人中官做得最大的一位。而有了张九皋的举荐，高适才真正开始步入仕途，摆脱寂寂无功的状态。

知道哥舒翰的多，而知道张九皋的少，如果不知道张九皋。讲另外一个人肯定知道，那就是唐代贤相张九龄，唐代的开元盛世少不了宰相张九龄的襄助。像王维这样名噪一时的大诗人，就是有幸遇上张九龄这样的伯乐，才得以崭露头角，博取功名。而张九龄遭罢黜后，王维也就此告别官场，归隐辋川。而张九龄有个二弟，当时知名度也很高，他就是张九皋。张九龄与张九皋的感情很深，当年，张九皋被任命为南海郡太守兼岭南节度使，张九龄就曾赋诗一首寄给二弟，以表达怜惜之情："鸿雁自北来，嗷嗷度烟景。常怀稻粱惠，岂惮江山永。小大每相从，羽毛当自整。双凫侣晨泛，独鹤参宵警。为我更南飞，因书至梅岭。"诗中的两句"小大每相从，羽毛当自整"，更是寄托了张九龄对弟弟张九皋的深情，从小到大，二弟都是跟着自己，如今要独自南飞，一定要自己照顾好自己呀。当然诗中还有一层愧疚之意，因为自己仕途不顺，还连带着弟弟也被贬到荒远的岭南了。

为什么讲湖贝老村要讲到张九皋呢？就是因为湖贝老村系张氏宗亲的聚居地，而张氏这一脉的祖上就是张九皋。张九龄在历史上影响大，被称为岭南第一人。而张九皋虽然也是重量级人物，但因为哥哥张九龄的知名度太高了，所以反而把张九皋的光芒给遮住了。张姓原本是大姓，也出过像张良这样的名家，但到了晋末，因中原的战乱而有了永嘉南渡，而张九龄、张九皋他们这一脉就是南渡而来的中原望族。张九龄、张九皋其实就生于岭南，居于韶关的曲江，而高适在很小的时候，也是随为官的父亲在岭南生活，并且就在韶关。因此，张九皋举荐高适，除了因为高适的才华，恐怕也有一层乡情在，当然这也无从考证了。而从张九皋讲到湖贝老村，这中间还要说到几个关键人物：一是张梧峰，是他在1369年率领全族从东莞的壆岗迁移到大鹏的迭福村，这算是张氏在深圳的一世祖；二是张远简，是他率领族人又从贫瘠的迭福村一路探寻找到了罗湖，并在罗湖立围开村，这算是张氏在罗湖的一世祖；三是张松月，是他和他的孩子们开枝散叶，成就了罗湖张氏的基业。

二

张家到了张松月这一代，为什么起名叫张松月，已不得而知。如果做一个推测的话，可能会与张九龄有关。因为张九龄有一首极为有名的诗，叫《望月怀远》，“海上生明月，天涯共此时。情人怨遥夜，竟夕起相思。灭烛怜光满，披衣觉露滋。不堪盈手赠，还寝梦佳期”。这是张九龄被贬荆州长史后作的诗，虽然官场失意，而他并不失志，更不失节。此时海上升起明月，就代表自己高尚的节操，这也是当年这个谏官所特有的刚正的品质，而梦里见到明月，就表明自己对未来的希望。《望月怀远》成为张九龄的经典名作，而“海上生明月”也成为千古以来的名句。如果仅仅说张松月使用这个“月”字也就罢了，他把自己的4个儿子也都分别起上带“月”的名字，即思月、爱月、怀月、念月。用思爱，用怀念，对月可见一往情深，甚至可以想见当年可能有的浪漫。4个孩子后来分开过，思月在水贝村，爱月在向西村，而怀月和念月在湖贝村。念月因为小，就跟着哥哥怀月一起过，从到怀月这儿就有了“三纵八横”的湖贝村。今天为了保护湖贝村的老建筑、老宅子，湖贝人搬出去另建了湖贝新村，而原来的村子就被称为湖贝老村了。湖贝老村当然要敬张家的祖宗，但更直接的是要敬张怀月，今仍存有怀月张公祠。怀月张公祠就是怀月这一支的家族祠堂，而另外一处有名的建筑叫思月书院，这里成为张氏后人读书用功的地方。

湖贝的位置相当重要，地处西边的南头与东部的大鹏之间，属交通要道。与原来的迭福村不同，那里山地多，难以养活人。而到了湖贝这一带，有水有田，适合种庄稼，能过上殷实的日子。湖贝村附近有条路叫蛟湖路，虽然早就没什么蛟湖存在了，但这个地名还是保存了当年的记忆。蛟湖实际上不是湖，而是大片的水田。而所谓湖贝，也并不像通常讲的湖里养殖水贝，以生长和采集珍珠。这个“贝”原来叫“背”，湖背即湖的背面，或者说紧靠着湖的村子，而这个湖就是蛟湖。叫“湖背”倒是沿用了古代村庄命名的基本方法，即按照地理方位来命名，好辨认，好找寻。但湖背村名字中这个“背”字有点儿麻烦，容易让人联想到“背”“背运”“点儿背”，有不顺利、不走运的意思。于是湖背人灵机一动，把“背”改成了“贝”，一下子就金光闪闪，变得更加金贵了。据说当年还有人见过“湖背大队”的公章，这就说明由湖背到湖贝，改的时间并不长。有意思的是，如今罗湖黄金珠宝行业非常发达，叫湖贝、水贝这样的名字似乎更合适，也更合理了。

三

讲到湖贝村，就要讲到深圳墟了。当张氏宗亲在罗湖这片土地上开枝散叶的时候，生产的发展和物资的兴旺就必然带来巨大的市场需求。于是，就在如今东门这块土地上，深圳墟应运而生，墟市的规模越来越大，以至于迅速成为深圳历史上有名的四大墟之一。当年，不仅罗湖的人要赶这个集市，就连远在盐田的人也常常要翻山越岭，来这个集市交易。梧桐山上至今还有当年赶集的古道，只是后来东和墟建成后，盐田的人才不用这么辛苦地来赶深圳墟了。深圳墟同样呼应着全球化的发展，进入近代以来，各种洋货与山货、海货并存于集市中，使得物品更加丰富，品类更加繁多，尤其是广九铁路开通后，深圳墟更是成为香港与广州之间重要的站点，物流、人流更加踊跃。英国侵略者更是对深圳墟觊觎已久，在展拓香港界址时，就曾经想把深圳墟一并纳入租借范围，只是遭到族人的强烈抵制，租借一事才未能得手，否则今天去东门、去湖贝就成了去香港了。当然，边境线也不能完全隔断彼此的联系。至今，湖贝村的张氏宗亲就常常去新界的上水扫墓，而每年祭扫的日子，来自香港等地的张氏宗亲也会在怀月张公祠祭拜完祖先后，共享一餐大盆菜。当然这是另外的话题了。

还是要讲回到深圳墟。这个墟以深圳为名，要知道这也是深圳这个名字第一次出现。深圳应该是一条河的名字，沿河而墟，这是过去墟市设置的一大特点。道理也很简单，便于运送货物，也便于交易。像观澜墟就是在观澜河边建立的集市。那问题就来了，深圳这条河在哪儿呢？都知道现在的深圳河是界河，当年英国侵略者强占新界后，深圳和香港就以深圳河为边界了。但从深圳河到东门来看，距离比较远，尚不足以支持这个集市贸易的运输所需，因此一定有另外的河流从东门边上流过，而不是深圳河。这条河又在哪里呢？按照“圳”这个字的解释，是田边的深水沟，水可以灌溉庄稼，然后流向河海。再想到东门附近有蛟湖的说法，那深圳河就应该离这样一片宽阔的水田不远。有人就此考证，现在深圳戏院门口原来有一条河流过，水势较大，离它不远就曾经有一个不小的水坝，以调节水位。再看深圳戏院，有两张老照片，背景都是当初建成的两层戏院的楼房，仿苏联式建筑，而在楼前，一张上有栏杆，一张上没有栏杆。栏杆一看就是沿河设置的，是防止有人不小心滑落到河里，而为什么出现没有栏杆的状况呢？可推断，河被填平后，栏杆也被撤走了，而这条河据说就是深圳河，而填这条河而成的路就是后来的新园路。那为什么深圳河后来也成了界河的名字了呢？这是因为深圳墟出现以后，随着墟的名字越来越响亮，深圳两个字的知名度也越来越高，以至于后来，深圳又成了火车站的名字，深圳又成了镇的名字。而当深圳成了指认罗湖这一片区的名字后，作为深港之间的边境河也随之被命名成了深圳河。再到后来，宝安县政府也从南头迁到了深圳镇，深圳的影响越来越大了，所以后来在宝安建立的经济特区，也被命名为深圳经济特区了。

还想讲一下东门，为什么深圳墟又被称为东门呢？或者用现在说法叫老东门。解释不一，一说集市有东南西北四个方位，而东门规模最大。还有一个说法，当年这个集市遭日本飞机轰炸，满目疮痍，只有东门的建筑保留还较完整，所以就改称东门了。两种说法中，前一种相对比较合理。因为市场需求是一直存在的，仅东门集市，规模小，也无法满足赶集的需要，如果要恢复重建的话，应该不只有东门。

四

也许是因为张氏宗族强大的文化基因发挥作用，湖贝人对文教的重视尤为突出。都知道东门老街有杆公平秤，当初设立的初衷是，顾客要买贵重一点的物品，可以拿到秤这儿来称量一下，以示公平。但用这杆秤要象征性地收取一些费用，叫铜板钱。这些铜板钱被积累下来后，就建立了雍睦堂。雍睦堂是讲张姓族人要和睦团结，类似于叫雍睦堂的，全国各地还有许多，都是有强调宗亲和谐相处的意思。家族的重大活动，特别是庆典，很多是要在雍睦堂里来办。但在湖贝人看来，雍睦堂还有一个重要含义是教育，这里常常被用来作为教书育人的场所，甚至还直接把深圳私立小学设在这儿，只要是张氏的后人，都可以到这儿上学。过去的集市收取管理费用，用来资助教育，这已不是头一遭，像当年盐田的东和墟同样也用墟市的收入办东和学校，以商养文、以商助教，这算是共同选择。

不仅如此，像思月书院也是当年较为知名的书院。深圳地区历史上曾有塱冈书院、绮云书室等，这都证明，虽然这里历史上比较荒僻，经济也不算发达，但读书之风依然不绝。思月书院当年的琅琅书声已不复闻，并且也没有多少资料去记载书院推广读书和求学问道的往事，这算是憾事。而使思月书院在历史上赢得较高知名度的反倒是因为政治事件，那就是省港工人大罢工，思月书院成为罢工工人的中转站。罢工期间，每天有大约上千号的人由此开往广州。而周恩来同志曾在此做过指导和联络工作，这已经成为被挖掘出来的历史往事。今天，思月书院已重建，又再次成为全民阅读的重要阵地，而它的宗旨“寓学于民而惠于民”，与今天推广全民阅读的目的又何其相似啊。

讲到这片土地上的教育，还得讲到深圳小学和深圳中学。当初深圳小学叫深圳私立小学，深圳中学叫深圳私立中学。作为深圳教育史上的名校，这两所学校已经成为深圳九年义务制教育的品牌。其实两所学校当初起名字的时候，所讲的深圳也就是深圳镇罢了，而且也是从深圳墟转借过来的名字，而今天这个深圳早已是一个城市的名字了。能够保持叫深圳中学、深圳小学，而不是叫罗湖中学、罗湖小学，这不仅仅是因为要保留记忆，还因为这些学校教学质量高，完全可以代表一个城市的教育水平。

要讲东门一带的文化场馆，在某种程度上也可以说是文化聚集区。就说深圳戏院，当时建设标准比较高，周恩来同志也亲自过问，成为内地与香港同胞重要的文化交流空间，马思聪、红线女等著名艺术家都在此演出过。特别是当年马思聪先生在此演出的时候，竟然找不出一架演奏的钢琴。马思聪先生于是自带钢琴参加演出，并把钢琴赠送给了当时的深圳戏院。深圳在提出文化立市战略的时候，曾经把钢琴之城作为建设目标，而要追溯钢琴之城的故事，恐怕还得从这儿讲起。不仅如此，当年的东门还有一间非常大的新华书店，在罗湖书城建成之前，这家书店也是深圳最大的书店了，当时的深圳人要逛书店，东门应该是首选。还要说到这里的博雅书店，这是改革开放后第一家中外合资的文化企业，直接影响着这座城市最初的文化需求。

从湖贝村到深圳墟，从深圳镇到深圳市，我们看到的是迁徙，是开放，是变革。当张远简先生带着一家老小来到罗湖这片土地上开创基业的时候，他可能无法想象到，从这里起步，会出现一个两千万人口的大都会。他同样也想不到，张氏的后人不仅在深圳，甚至远涉重洋，加入全球化的浪潮中，追寻自己的生计。这注定是片变革的土地，湖贝老村转向了湖贝新村，而就在转眼之间，湖贝新村又纳入了旧改的范围。应该感谢罗湖人，在万千变化中还能把老村留下来，让记忆留下来。这使得我们尚能在日新月异中找到一点历史方位。

记忆中的深圳青年大厦

期刊像是逐步走向尾声，从期刊到报纸到电视，再到互联网，仿佛多米诺骨牌，传媒业正经历着前所未有的颠覆式的革命。但如果因此而否定他们曾经对社会产生的非同一般的影响，恐怕也不符合历史事实。就说期刊吧，一个综合类刊物如果曾经有数十万份的发行量，它可能感动过一个时代，可能曾经是主宰流行文化的力量。有人曾经研究过，一本《新青年》杂志如何直接导致新文化运动的到来。而今天想要说的是，一本叫《深圳青年》的杂志，又如何为深圳观念的创育起到怎样巨大的推动作用。

一

深圳市政协这些年陆续在推出“深圳口述史”项目，让一批闯荡深圳并小有成就的人来讲述自己的故事和这座城市的历史。这些口述历史生动而活泼，并带有这片热土特有的温度，因而很受读者欢迎。“深圳口述史”因此也成为深圳文史工作的品牌。而就在2023年出版的第四季《深圳口述史》中，竟然会有两个讲述者不约而同地提到了一本杂志，这就是《深圳青年》。这本杂志竟然同时影响了两个人的人生命运，这不能不令人关注。一个讲述人叫张西文，从业30年的律师，他说，“让我留在深圳的是一本名为《深圳青年》的杂志”。张西文本来是西北电力建设局的一名技术工人，因为工作需要来深圳参加妈湾电厂一期工程建设。每天的工作都在“抢发电”，满怀着干劲与激情。等电厂一期竣工投产后，他做出人生中一个至关重要的决定，留在深圳，“下海”做律师。之所以做律师，是因为自己热爱法律专业，并通过资格考试拿到了律师执业证，于是就下海开办了律师事务所。而之所以留在深圳，他说就是受了《深圳青年》杂志的影响。杂志刊登了各种各样如火如荼建设深圳的故事，记录了深圳青年奋斗者真实生活的状态，让他如痴如醉。那些闯荡深圳的年轻人，他们大胆追梦的“饱满的激情和昂扬的精神”，使他深受鼓舞，于是他也留下来，成为“下海”闯荡队伍中的一员。他后来的事业规模也越做越大，但《深圳青年》带给他的初心始终没有改变。那个转战律场的阳光明媚的三月的春天，也永远被他的内心定格了。

还有一个讲述人叫孙蕴，从事企业咨询服务，她的口述故事更是离不开《深圳青年》杂志。孙蕴原来是山西一家出版社的编辑，因为被深圳火热生活的故事所吸引而奔赴特区。她一开始是在外企工作，因为对出版业、对编辑记者工作还有一份热爱，于是在来深圳三年之后，被《深圳青年》杂志正式聘用，开始了在深圳激情澎湃、多姿多彩的记者生涯。她至今还认为，《深圳青年》的那段日子是她人生最难忘的时光。一批热血青年同事策划报道了一系列重大新闻，采写了诸多创业者可歌可泣的奋斗故事，传播了备受全国青年关注的新观念、新思想，“每天都在奋斗中成长”。她从一名普通记者成长为杂志社的副社长、执行主编。离开杂志社的时候，老总和同事们专门定制了一个奖牌，上面刻着：“孙蕴同志，《深圳青年》忘不了与你共有的岁月。”还有同事们的《掌声响起来》的送别歌声，已经成为她永远铭记的往事。而这份感动一直伴随着她，鼓励着她在任何时候不畏艰难，风雨兼程，为梦想奋斗。一份杂志能在人生关键的时期改变命运和方向，成为一生的记忆、一生的力量，这才是我们为之感动、为之叹息的原因。记得曾经在做“为什么来深圳”的调查时，就有过不止一个人回答，因为看了《深圳青年》杂志而下定了奔赴深圳的决心。更有人说，当初在经济特区外打工的时候，读了《深圳青年》，就觉得深圳之外还有一个深圳，这个深圳离梦想更近，离《深圳青年》杂志更近。一群年轻的闯荡者就这么与一份杂志建立了内在的联系，并形成契合。

二

说《深圳青年》杂志，就要说到它的创办人王京生；而说《深圳青年》杂志，又要说《深圳青年报》。当年《深圳青年报》因为严重的导向错误而被停刊，后来共青团深圳市委想要重新办一份青年类的报刊，并到团中央请求支持人才。王京生一开始并不是列入名单的人，但他怀着办报办刊的梦想，主动要求去深圳。组织上说在北京也能办报办刊，为什么一定要去深圳呢？王京生就引用了胡耀邦同志的一句话，“我们党需要独立的开创新局面的干部”，以此表明心迹，于是就坐上火车奔赴深圳。同行的还有王海鸿等同道中人。王京生清楚地记得自己是1988年8月8日到深圳的，当时街上有许多燃放鞭炮的人。他完全不明就里，他也相信这应该不是为了欢迎他。后来才知道，广东人有点儿迷信，就像鲁迅当年讲上海弄堂里的广东人“迷信得认真”；讲8也是图个“发”的谐音，图个发财致富的心理暗示。真的要办份刊物才知道不那么容易，要队伍没队伍，要编制没编制，甚至要刊号没刊号。到了11月份推出的创刊号，拿的还是内刊号，而且封面上还开了个天窗，黑色的背景里留下了白色的一个方框。明白内幕的人知道，这期杂志的封面是想用文艺女神缪斯的头像，并配上尼采的诗句：“倘若我解释自己，我就欺骗自己，我不能做自己的解释人。可谁在只属于他的道路上攀登，他也就附着我的形象向光明上升。”当时出刊时间紧，又没有什么像样的美编，手绘出来的缪斯图像披头散发，又是黑乎乎的一片，领导明显不满意，要改要换也来不及了，于是干脆就开了个天窗。这本还是内刊的期刊，甫一面世就闹出一个开天窗的新闻。虽然创刊号引用的是尼采的话“我不能做自己的解释人”，但开天窗的事最后还得找个解释，说经济特区就是中国对外开放的窗口，《深圳青年》杂志就是经济特区对外打开的一扇窗。

办杂志还是要市场的，读者愿不愿意买单是关键，尽管发行部费了九牛二虎之力，但一心沉湎于商业冲动中的深圳人，似乎对走高端路线的这本创刊号并不垂青，几百份杂志卖不出去，就这么堆放在办公室里。办公室就更狭窄了。直到后来有个机会，王海鸿要去北大参加一个活动，这本内刊被带到北大，据说被一抢而空。说起深圳期刊发展的历史，有件事恐怕值得大书特书。印象中，除了《深圳青年》创刊号外，深圳还有两本期刊在北大也曾经受到欢迎，一本是《万科周刊》，一本是《街道》。有意思的是，这两本刊物同样是内刊，严格意义上讲都只能赠阅，不能售卖。这也说明经济特区成立之初，深圳的文化品位并不低，但文化的阵地却明显不足。难的不仅仅是发行，还有广告。

单靠微薄的财政拨款肯定是难以养活这份杂志的，于是社里买了两台单车，在夏日的骄阳下拉赞助。赞助很难拉，因此，在烈日下跑的时间更长，路程也更远了，这就是当时的生存状态。当然还有写稿子，当时没有那么多的作者，也付不起那么多的稿费，于是就自己写，当时的王京生、王海鸿几乎成了主要的作者。不断地化用笔名，不断地用各种身份敷衍成文，只能用“炮制”这个词，光着膀子或者穿个小裤衩，就默默地担下了本该有许多作者担着的文稿。直到后来，随着这份杂志有了正式刊号，销路逐步打开，广告也与日俱增，杂志社这才算走上了正轨。

三

尽管创刊艰难百战多，尽管不得不有为市场而妥协的时候，但总的来说，《深圳青年》一直保持着自己的精神高位，也正因为如此，它才承载着梦想、观念和无畏前行的力量。《深圳青年》从一开始就瞄准了一个目标，那就是陈独秀创办的《新青年》。《新青年》犹如在旧中国燃起的一把火、点亮的一束光，直接把新思想、新文化带入曾经被禁锢的中国年轻人的心里。而《深圳青年》从一开始就力图注入《新青年》的文化基因，担当起一个城市的梦工厂和一个时代的发动机的职责。所以，这才有从《新青年》主张的“六大标准”到《深圳青年》倡导的“六大精神”，这六大精神包括警示精神、世界精神、体验精神、实效精神、相融精神和求真精神，也寄希望于像陈独秀说的那样“唯属望我新鲜活泼之青年尤以自觉奋斗”。

虽然这一经营路线并没有给发行带来多少优势，在日后的办刊路线中，也努力降低精神姿态，也或多或少地减少批判的锋芒，但这种舍我其谁的文化责任似乎并没有消失。一个突出的变化是批判性转向建设性，反思派转为行动派。如何建设性地凝练和推广新的观念，如何在行动中证明力量和希望，成为一本杂志在新城市实践中的转折。这就要说到由王京生主笔的“卷首语”了。

虽然用了各式笔名，但一看那就是京生当年的风格。首先，张扬的是理想。这一精神与这座城市一脉相承。文中写道：“每个明天都是机遇，蓓蕾将在明天怒放，风暴将在明天平息，雏鸟将在明天破壳，远行的人将在明天上路。”正因为对明天抱有希望，对理想怀有憧憬，所以很难想象一个对明天心存恐惧的人，能够在今天勇敢地对面对生活的挑战，所以要“永远地直视明天”。这样一种生活态度是青春所独有的宣言，它显示着血脉偾张的青春力量和把握未来的信心。至今读来这些文字，依然能被那份激情打动。

其次，张扬的是个性。《深圳青年》一直有个栏目，就叫“风中亮出自己的旗”，就是要讲那些独具个性、独具风采的人生故事，在王京生卷首语中也有《给自己叫个好》《唱自己的歌最响亮》等，通篇都自信满满。正是这种自信，恐怕才是万千移民踏上这片土地并扎根在这片土地的最根本的力量。敢于给自己叫好的人，就是敢于在生活中力争上游的人。言为心声，“没有恢宏大度的气派，整天患得患失，听见风就是雨，全无个人主见的懦夫，是不敢也不会为自己叫好的”，所以为自己叫个好，大胆唱自己的歌。

再有，张扬的是行动。在《早春的行动》中，他写道，“这些年越来越交好运的一些中国人，都是别人睡着，他已苏醒；别人苏醒，他已行动。中国需要亿万人都参加的早春行动”。而改革开放的经济特区人就是早春的行动者，“人们奔波着，忙碌着，不断找到新的开始，而开始早春的行动”。今天我们讲深圳人的“卷”，我们讲深圳人总是快于别人的脚步，无不在证明这样一种深圳性格，思考着，更行动着。春天的故事就是这样一个“卷”的故事，当然，《深圳青年》也以自己的行动在证明着、呼唤着，“男孩子生来就是打天下”，就是要赞美那些敢闯敢试的男孩子，“男孩子的野心，男孩子的忙碌，男孩子的无所畏惧，男孩子的玩命”。而“雌性的男孩”，包括今天讲的“娘炮”，是与深圳青年的理念格格不入的。

《深圳青年》的行动，还要给文人造个海，在深圳图书馆推出的优秀文稿公开竞价活动，以墨作海，以笔迎潮。都想到深圳土地拍卖的槌响，其实还有一声槌响，这就是文稿竞价的槌响，文人“言义不言利”的藩篱被一槌动开。还有《深圳青年》召开移民文化的研讨会，为移民精神鼓与呼：真正的移民是梦想的产物，梦想的第二天的早晨，海水更加平静，天空更加湛蓝；真正的移民在寻找自己有怎样的大脑，怎样的身躯，怎样的力量。移民的实质是把期待变成行动。

王京生的卷首语《移民》，算是给移民做了无愧无悔的证明。

四

《深圳青年》杂志社在1995年搬上新大楼，也就是深圳青年大厦。当时即将赴任市文化局副局长的王京生做了一场培训报告，名字叫《七年生聚，万象在旁》。这是培训的第一堂课，像是“痛说革命家史”，基本把这份杂志的历史说清楚了，宗旨也讲明白了。其中的感受特别像《掌声响起来》这首歌的况味：“孤独站在这舞台，听到掌声响起来。我心中有无限感慨，多少青春不在，多少情怀已更改……经过多少失败，经过多少等待，告诉自己要忍耐。而你的爱，将与我同在。”歌中所唱的更是把这个掌门人临别时的深情准确地表达了出来。

号称深圳青年大厦，在一众高楼当中，有“花园”，有“广场”，只有十层的深圳青年大厦显得过于矮小了，但就是这样一栋小楼，凝聚的是《深圳青年》一代人的奋斗。据负责建设大厦的杨洪祥讲，从当初与少儿馆合作的300平方米的划地，到后来与周边大楼合作的3000平方米的计划，再到如今单独的大楼，期间也是百折不挠地努力过了。而正是有了这座楼，《深圳青年》这份杂志也不再动荡，从当初的一间办公室，到后来借用各种办公场地，走到东走到西，算是有了自己的根据地了。王京生跟杂志社的同仁们说，如果有一天刊物办不下去了，至少还有一栋楼在，大家还有饭吃。该不是一语成谶吧？今天《深圳青年》已随着期刊式微的大势，无可避免地走下坡路了，但大家都没散，至少这栋楼成为活下去的最后的支撑。王京生还说过一句话，日子再难过也不能卖楼，这是《深圳青年》最后的家底。当然，不仅楼要在，精神的高度也不能丢，站直了，不趴下！杂志社的墙上至今还留有王京生当年流传下来的话：这里的握手比较有力，这里的微笑比较持久，这里看重人的智慧、尊严和爱的力量。这就是深圳青年的传统，这个传统还在。

讲的是悲壮了一点，其实楼盖好了，搬进去的《深圳青年》同仁也算是有了体面的生活。当年同事们在延伸出去的阳台上养了各式各样的花草，而其中一位老同事在这里养了一箱子蜜蜂，从阳台能看到深圳对面的香港，每天这些蜜蜂去香港那边采花飞舞，黄昏了，再从那边飞回来。蜜蜂再次证明深港之间短得不能再短的距离。想起前不久看到一位香港的小朋友写的诗："香港和深圳／那么远／从维多利亚港出发／到高高的地王／走了156年／深圳和香港／这么近／红树林湾畔的黑脸琵鹭／总是分不清福田和米埔的家。"其实不仅仅香港离我们很近，《深圳青年》也离我们很近，这片土地已成为共同的家园。也就此希望，《深圳青年》与大湾区的明天同在。

观澜墟的香火与烟火

龙华的历史，最负盛名的应该是观澜墟了。说深圳历史上有四大墟，宝安的清平墟、龙华的观澜墟、罗湖的深圳墟、盐田的东和墟。这些墟都曾经很有名，比如深圳墟，“深圳”二字直接用来命名了这座城市，而由深圳墟到深圳镇，再到深圳市，影响不可谓不大。但从存于世间的规模来讲，观澜墟则规模最大，无出其右，曾经也最为盛况空前。现在讲观澜墟，恐怕知道的人并不多，倒是新起的名字，像“观澜湖”，就更响亮些。非常有必要拨开云雾，去探寻那些藏在时间深处的往事。

一

讲观澜墟，就必须要讲到观澜这个名字。观澜首先是条河的名字，这条河自南向北贯穿龙华，可以视为龙华的母亲河。因为有了河，才有了码头，才有了集市，于是从观澜河就顺其自然地有了观澜墟。在农业文明时代，河流是重要的物流载体，随之而来的，就有了人流、资金流，于是在河埠码头往往形成集市或墟市（北方更多称为集，而南方更多称为墟），进而由市而镇而城，就形成了巨大的聚集效应。

观澜河的名字带来了观澜墟的名字，这也是顺其自然的事。当然也有个说法，认为是有风水先生想选址建立墟市，看到了河水浩荡，波澜壮阔，风水算是绝佳，于是就把想建的墟市叫作“观澜墟”，然后把就近的河叫作“观澜河”。这个说法不太可靠，因为不可能让这么一条关乎民生的河流一直处于无名状态，而非要等到在岸边建起了墟市才一并把河流给命名了。但无论如何，观澜都是一个很文雅的名字。在深圳这样一个历史上并非人文昌盛的地方，有这样一个名字更是亮眼，以至于到后来搞高尔夫球会，也顺着用了观澜湖的名字了。

为什么叫出“观澜”的名字呢？至少有三种说法，第一种说法是史书所记载的：乾隆年间一个叫邓坤的风水先生，看到观澜河两岸风水极佳，于是就想起孟子说的“观水有术，必观其澜”，觉得君子志道，要有追根溯源的方法与精神，于是就把这条河起名“观澜”，连带着就有了观澜镇、观澜湖、观澜墟等名字。第二种说法叫“官难”。这有个背景，当年观澜横亘在东莞与新安之间，像是块庞大的插花地，加之交通又不太顺畅，属于岭岗起伏的丘陵地带，双方都想管，似乎又都管不到，遇到好事双方都想沾，遇到麻烦的事双方都想推。老百姓见得多了，就觉得什么都不难，就是“官难”，当官的不好对付。当然“官难”还有一个解释，丘陵地带的路非常不好走，而当地人迫切希望官府能牵头建个墟市，免得沿着崎岖的山路去赶很远的集。于是在给官老爷带路的时候，故意走不好走的路，于是在“官难”之下，就答应了建个墟市的要求。还有第三个说法，还是发音上的问题，叫“关栏”或“杆栏”，在河边架设栏杆，防止人畜掉入河中，如当年就有“杆栏村”的存在。三种说法各有各的道理，观澜的说法更可靠，流传也更广，意思也更雅致，所以叫观澜真正算是约定俗成了。当然，叫观澜也不是原创，其他地方叫观澜的也有，同样也是取这份雅意。

二

讲观澜墟的由来，还要讲到观澜人。观澜处于丘陵地带，在历史上经济不算发达，因为可供耕作的土地并不多，土地产出的粮食有限。从明代开始，出于防范倭患和匪患的需要，观澜地区大多生活着军户。所谓的军户体系类似于屯兵制度，居民既能打仗，又能耕地。朝廷划给一定的田地，以供军户自给自足。当时的大鹏所城实行的就是类似的制度。除军户外，观澜还有更早时期定居在此的广府百姓，以农耕为主。这样的人口状况，在明末清初遭受了两次大规模的冲击。一次是清兵南侵，军户大量外逃，军户本来就处于经济较为困顿、纪律较为涣散的状态，自然经不起清兵强悍的打击，便大批量地逃离观澜。还有一次就是清初的海禁。为了抵御郑成功势力从海上的袭扰，沿海居民被要求集体内迁，从而形成数十公里的无人地带，包括观澜地区在内。而在此后的复界中，早先迁出的居民已在别处谋生，而新来的移民则都是被朝廷开出的优厚条件所吸引，便从粤东、闽北等地开始南迁。

无论是就当初对军户的教育采取的激励政策而言，还是就客家人崇文重教的传统而言，观澜这片土地还是有一丝文脉的。单从观澜以及类似的雅致的名字来看，观澜还是大有文风相续的阵势。一直到后来，观澜地区有百年历史的学校就有三座，就连观澜墟这样的集市也还有书店的存在。随着客家人的迁入，观澜地区发生改变的不仅有文化，还有经济形态和产业形态。当初的观澜除农业之外，还有与盐业相关的行业类型，宝安的沙井地区盐业发达，就近的观澜就被作为重要的后方基地。但这些都不足以给它带来多大的财富积累，越来越多客家人的涌入，必然要开启新的生机，这首先就是手工业，像织布、榨油等。而这些手工产品的出现，又相应带来了巨大的市场需求，于是观澜墟就应运而生。观澜墟的发展又反过来盘活了观澜的经济，使观澜人有了更多的经济来源。特别是清中叶实行一口通商政策，不仅带旺了广州经济，同时带活了像新安这样的沿海地区以及像观澜这样的沿河地带，手工业的生产和手工产品的贸易，给观澜创造了大量的财富。

三

当然，讲人口的汇聚，讲手工产品的聚集，这些都与观澜墟的形成有关，但还得讲到一个必不可少的因素，这就是文化。中央电视台曾经有一档节目，讲全国各地的地名，其中就讲到观澜墟。当年观澜河水势较大，一个澜字也可见其辽阔浩荡的样子，而其流到大布巷村附近时，河道因地形原因，突然变得和缓，于是就搭起了桥，便于到对岸去，同时又建起了渡口，以便人的上下和货物的装卸。也许只有渡口的那棵百年榕树，还能见证当年人来人往的热闹景象。人一多，货一多，这就有了墟市所需要的聚集效应了。然而，情况又不仅如此，加剧这种聚集效应的，还有观澜古寺的出现，来古寺烧香拜佛的人多了，自然就有了相应的餐饮、住宿以及更多的贸易了。那为什么要建寺呢？除了挨着渡口、挨着码头的优势外，其中还有一个原因就是祈求安全。当年从阳台山而下的观澜河河水还是颇为湍急的，尤其水势较大的时候，渡口都面临被淹没的危险。于是当地人想，在此地段建个寺庙，也好冲一下水怪的煞气，避免它兴风作浪，以保佑风调雨顺。农业社会的幸福和不安，几乎都少不了与水的关系。无水则庄稼无法生长，水大了，则人或为鱼鳖。而建个庙，也脱不了水的干系。今天还能见到观澜墟有些老宅子的正门上方特意留着一扇窗户，目的是什么呢？据说是为了在大山洪冲击墟市时，好从楼上窗户推出船具，以便室内的人逃生。想靠建古寺来阻挡洪水，当然不太可能，如果不是古寺地势高，远离低洼地带，也会被洪水冲垮。

寺庙建成了，当然得供上观音，这也是中国古代佛寺所常见的，又是保平安，又是送子。但观澜古寺的目的还要复杂得多，除了供奉观音外，它还供奉财神。市场是物质的聚集，更是财富的聚集，到市场里来的人没有不想发财致富的，于是自然就有了对财神的崇拜。还有就是崇拜关公，岭南的庙宇里几乎都少不了拜关公。讲忠义，讲诚信，这是做生意和交朋友都少不了的。但观澜古寺里拜关公还有一层特别的意义，那就是观澜是洪门重要的活动据点，当年深圳东部三洲田起义，孙中山在这里打响了20世纪中国革命的第一枪。虽然孙中山先生是总策划，但观澜的洪门首领又是三大领头人之一，为武器、钱财和人手的筹集发挥了重要作用。而洪门之所以能在观澜地区得以确立，主要原因有两个，一是观澜属于东莞和新安都不太明确的管辖地，有利益都想要，有麻烦都想躲，洪门反而就有了大行其道的机会和空间。另一方面，生意要做大也需要保护，需要稳定的经营环境，这又是洪门可以提供的。于是，洪门这样的民间社团就成了观澜社会自我组织、自我维护的重要力量。而洪门就像中国大多数民间组织一样，讲究个义字，作为义的人格象征——关公，就成为顶礼膜拜的对象，举足轻重。

观澜古寺因此具有了三大功能：对自然的诉求，希望多一份平安；对经济的诉求，希望多一份财富；对社会的祈求，希望多一份忠义，而这三者都是一个古老墟市所需要的。依寺而墟，自然少不了这三种意义上的支持。

四

讲墟市经济，就像前面讲的，肯定要提到手工业，正是因为手工业者的聚集，才有了成行成市的手工产品。毛泽东同志当年做寻乌调查的时候，手工业者也同样是关注的主要对象。而对于观澜墟来说，最主要的，甚至是压倒一切的手工业是什么呢？布，织布，染布。观澜古墟有一条重要的街，叫碎布街，后来又叫卖布街，就是布的加工、销售的聚集区。今天观澜还有大布巷、君子布等地名，就是当年布业发展所留下的文化记忆。

这里得讲到两种布料，一种叫缯，就是苏东坡在《和董传留别》中非常有名的两句诗，“粗缯大布裹生涯，腹有诗书气自华”。说董传虽然家境贫寒，只能穿着粗布衣服，但因为熟读诗书，自然就有种不同尘俗的气质。这种所谓的粗布衣裳，通常是麻或葛所制成，没有什么加工，因而价格比较低廉。另外一种叫香云纱，盛行于珠三角地区，是将原有的缯布先用薯莨熏染，再用塘泥沤制而成。这种加工过的布料丝滑得多，也清凉得多，当然由于工艺复杂，也是价格不菲。历史上的观澜地区多丘陵，虽然不怎么长庄稼，但大量生长的薯莨，正是不可多得的印染布料的原材料。而且这里池塘众多，塘泥更不缺乏，于是布料加工业便蔚为大观，成为主导性的行业门类，而观澜墟则成为主要的集聚地。

当然，这其中还有一种交易方式，即用布料换取高档一点的丝绸面料。早在《诗经》中，就有“氓之蚩蚩，抱布贸丝。匪来贸丝，来即我谋”的诗句，讲的就是集市上，有个小伙子笑嘻嘻地用布来找小姑娘换丝的情景。当然，他不仅仅是想换丝，见小姑娘漂亮还另有所谋。其实观澜墟的布料生意持续的时间也不到百年光景，随着东方市场的打开、西方工业化的重要门类纺织业的勃兴，成本和价格都更为低廉的布匹涌入市场，几乎是一夜之间就取代了传统的布料，一个行业就此走到了尾声。

讲到观澜墟的手工业，排第二位的可能就是榨油业。榨油的原料是花生，其时花生品种已经从南美引入中国，在观澜这样的丘陵地带得到了大批量的种植。榨取花生油供应市场也成为一门新的生意，观澜墟有大量的油坊存在，就证明了榨油在观澜地区成为非常吃得开的手艺。不仅观澜墟，其他墟市也都盛行油类产品的加工和贸易。像龙岗鹤湖新居的祖上，也是靠油料加工和销售积累了财富，并建起了蔚为壮观的围屋。

五

讲到来自西方的布料、南美的花生，其实还不止这些，观澜墟实际上也变幻着历史的风云，呼应着全球化的进程。

这就要说到观澜墟还有一个特别重要的行业，那就是金融业。曾经很好奇，观澜墟里会有如此密集的碉楼存在。这些碉楼虽然也是客家人所建，但显然不同于龙岗地区的围屋，更不同于闽北和粤东地区的土楼。这种碉楼身形更加细长，高度可以达到甚至超过现在的乡间别墅。它当然还有居住功能，但已经不是那种超大家族的聚居了，而更像是一个个独立的小家庭，其防御功能依然强大，足以抵御匪患的侵扰。这种碉楼不仅多见于观澜地区，像广东的开平也是碉楼密集。而考察碉楼这一建筑的渊源，就要说到碉楼与全球化了。

至少有两个层面的含义，一是要建造如此密集的碉楼，需要大量的资金，钱又从哪儿来呢？靠庄稼那么一点儿收成几乎是不可能的，靠手工作坊的积累固然也能成就大业主，但数量也不可能太多，那只有另外一种情况，即外来资金的输入。历史上，观澜地区下南洋、去美洲的人数众多，这些地区在开发的过程中曾经大量需要劳工，而勤劳的中国人往往成为招募的对象。在人多地少的客家地区，去海外找机会，下南洋发财，成为客家人重要的选择。劳工的历史是部血泪史，但其中也不乏财富史。有勤快且头脑敏锐的华工，在海外觅得商机，赚得盆满钵满。与当年的徽商相似，他们在外积累的财富不少被带回家乡，盖房置地。这些碉楼固然有居住功能，但又何尝不是象征呢？象征着财富、地位和面子，所以不少碉楼不仅盖得高，盖得气派，结合了大量的中西元素，这本身就可以成为近现代建筑的博物馆。富贵不还乡，如锦衣夜行，而这些矗立在乡间的碉楼就是闯荡世界的成功人士身份的标志。

讲碉楼与全球化，观澜古墟还有一个不可缺少的含义，这就是金融业。这些坚固的碉楼往往成为金库，收纳大量的金银财宝，当然也包括珍贵的布料等。而讲到钱，一方面庞大的市场需要资金的流转，而碉楼就是必要的金库，这本身是市场所需。但还有一个重要的来源就是海外，那些在海外发家致富的华侨，他们把所挣的钱带回或者汇回自己的老家，这就造就了观澜墟发达的金融业。观澜地区历史上华侨最多，因而观澜墟的金融业也最发达，那些大大小小收金纳银的碉楼就是最好的例证。

观澜墟进入当代已渐趋没落了，那些年久的建筑也往往破败得人去楼空。而今天对这些街区和建筑的保护和利用，让我们仿佛再次遇见历史。值得肯定的是，在对观澜墟进行旅游开发中，相关部门曾组织力量进行了细致的研究和梳理，这项工作特别值得肯定。不进入历史，也不可能进入未来，知道了这些墟市和建筑的前世今生，故事自然就会有别开生面的讲述。当然，这些研究工作对成就这篇文章裨益良多，这也是要特别感谢的。

鹤湖新居的世界

作为深圳现存最完整、面积最大的围屋，宏阔的鹤湖新居，起源于一群勤劳节俭、奋斗着的客家移民。而今，鹤湖书院已建成并对外开放，传统的诒燕堂将重新焕发书香和魅力。

深圳曾经是客家人重要的聚居地，深圳300多座大大小小的围屋，就是客家人居于斯长于斯的集中体现。而在深圳这些现存的围屋中，鹤湖新居保存最完整、面积最大，因而也是最受关注、最引人探究的了。那么，从鹤湖新居出发，我们又能发现一个什么样的世界，什么样的问题呢?

一

非常喜欢鹤湖的名字，很有仙气，非常祥瑞，仿佛这座新居一定会受到仙鹤的庇护。在对鹤湖这个名字进行语词考古之前，想说一个非常有意思的现象：在深圳，山的名字几乎都赶不上水的名字有诗意，有魅力。像梧桐山、松坪山、八卦岭、咸头岭等，几乎放之四海而皆有，没有体现出什么独特性。但一旦给水命名，特别是湖，像仙湖、鹤湖、观澜湖等，都非常典雅，非常有古典汉语的魅力。就连后来被改过的名字，也有一点化腐朽为神奇的意思，像香蜜湖原来叫香茅场水库，而改称香蜜湖后，也有了芳香满怀的意味了。想对此做一点解释，深圳以山地为主，客家人又多居山地，山地的水资源相对贫乏，所以一旦有了湖，甚至像湖一样较为广大的水面，都立马显出珍贵来，都能奉上最生动的名字、最美好的祝福。

那鹤湖新居的鹤湖又从何而来呢？目前为止，至少有三种说法。一是鹤湖新居所在的地方，当初有一座山，叫鹤湖山，在鹤湖山建的房子就顺着叫鹤湖新居了；二是离鹤湖新居不远有个鹤湖，鹤湖里常见白鹭飞起，仿如白鹤，于是就把湖起名叫鹤湖，而把鹤湖边上建的房子叫鹤湖新居；三是鹤湖新居建好以后，出于消防等目的，围屋前面挖出水塘，即月池，实际上也有聚水聚财的意思。水塘挖好以后，种上荷花，常有白鹭聚集于此，于是就把月池称作鹤湖，围屋也就称作鹤湖新居了。

其实鹤湖新居真正落成也只有200年的时间，只是因为龙岗作为客家人聚居地区，多山地，较为贫瘠，而人文也不甚发达，所以并没有更多的文献来记录，因而像鹤湖新居这样的名字还需要拨开云雾来作更多的考辨。如果做一点基本研判的话，三种说法中，第三种说法不太可靠。首先是月池依托于围屋，是先有屋而后有池，围屋的名称可以被用来命名月池，但不太可能用月池的名字来命名围屋。应该在荷叶还没长成、白鹭还没飞来的时候，围屋的名字就已经有了，不可能等围屋建好以后，等月池挖好，等白鹭飞来，再来命名围屋。第一种说法也有问题，因为如果有鹤湖山的话，那么在这200年的时间里，并没有太大的地壳运动使一座山凭空消失，也没有听说在鹤湖新居附近还有开山移石的故事。剩下也就第二种说法还有可能，但问题是，至今也没有听说有一个被命名鹤湖的湖，甚至以鹤湖来命名的也只有这么一个新居，那如何能说明鹤湖的地位和影响呢?

顺势而下，也会有第四种说法，称鹤湖的名字是从梅州、兴宁这样的客家地区“移植”过来的。客家人在迁徙过程中，常常会把故乡的名字带到新的地区，包括对村落、对庙宇、对祠堂等，都会有这种重复命名的现象，如过去香港与深圳之间就有很多地名一一对应，原样沿用。照此作个探源，在梅州、兴宁等地区，至今还有被称为鹤湖的湖和村落，如鹤湖、鹤湖村。客家人当年到了深圳，再来命名新居、新的围屋，常常直接沿用鹤湖这样的老名字，算是把记忆连上，把根续上。至于新居附近是不是真的有鹤湖，反而又在其次了。

二

接着想说说“鹤湖语文”。鹤湖新居落成后，陆续会有重要的匾额题写在显眼的位置，这些应该算是“鹤湖语文”吧。“鹤湖语文”不算多，这里就来解读一下。

一是“聚族于斯”，现在在鹤湖新居正门的上方还可以见到。这实际上讲的是客家人一种重要的生活方式。客家人迁往一个新的地区，基本上都要聚族而居，比如鹤湖罗氏开基祖罗瑞凤和他的二代、三代等，都会统一居住在新居中。按照鹤湖新居的房间容纳的人口统计，可以达到1000多人，可见其聚集的规模。聚族而居的目的可以包括几个方面，一是保持家族的完整，使族里每一个人都不掉队，都能保持队形，都能得到庇护；二是控制生活的成本，正是由于聚集性和完整性，得以形成大家庭生活的规模效应，降低单位成本；三是维护族群的安全，由于客家人迁往的是外地，相对来说势单力薄，必须抱团御外，抱团取暖，所以聚族而居有利于聚集群体的力量，保护好族群中每个个体的安全。在清代的土客械斗中，往往就是族群和族群进行战斗，以保存各自的生存空间，而围屋墙体坚固，易守难攻，本身就具有强大的防御性。

二是“亲仁犹在”。这几乎与“聚族于斯”形成一个硬币的两面。庞大的人口聚集，靠什么力量来维系呢？那就是血缘，无论怎样人口膨胀，但一条线没有变，那就是血脉总相连，家族基因永远在传承，于是祖辈们就仿佛永远活在身边，亲人们永远居住在一起。祖训就是老祖宗传下来的信条，共同约束和激励家族每个个体的行为，有祖训在，就仿佛老祖宗还在。而从另一个意义上讲，亲仁又是一个道德原则，拥抱仁爱、亲近仁爱的人。中国儒家传统就是讲以仁为本，仁者爱人，要求做有仁爱精神的人。这一传统使得家族把仁爱作为基本原则，尤其是客家人，生活在异地，更是要讲究亲仁善邻，讲信修睦，即使是做生意也要和气生财，只有这样才能扎住根，才能实现可持续发展。

三是“大夫第”。这是清廷赐予的牌匾，可以说集中了整个家族的荣耀。这得说到鹤湖新居罗瑞凤的三代孙罗兆熊。他遵循家族读书取仕的发展要求，学而优则仕，当上了广州府儒学正堂，大约相当于今天的教育厅厅长，算是为整个家族出人头地了一把。但更值得一提的是，就在他担任厅长期间，适逢洪灾，他为灾民奔走一线，并大把捐钱捐物。本来当个厅长收入就不高，这么捐下来，连自己的生活都成了问题，于是不得不伸手向内，向家里要钱，以维持生计。毕竟罗家的生意越做越大，家里还是能拿出些银两的。罗兆熊的做法被朝廷得知后，深为感动，于是皇上亲自予以嘉奖。对于客家人来说，挣钱多固然有面子，但这种来自朝廷的恩宠恐怕更珍贵、更有价值，所以这块匾额也一直被传承下来，被作为“光荣传统”激励后人。

四是“诒燕堂”。诒燕堂是鹤湖新居内安放祖宗牌位的地方，也是这栋院落的核心所在。诒燕堂的设置，目的就是要祭祀祖宗，牢记祖训，传承祖业。那为什么叫诒燕堂呢？这始于《诗经·大雅·文王有声》，原先是歌颂文王、武王的圣德和圣迹的。不仅歌颂他们的“烝”，即圣明，更重要的是希望他们“以燕翼子”，就像燕子用翅膀护佑它的孩子，把他们治国理政的智慧传至后代，使其后代也能享受安宁和幸福。将安放祖宗牌位的地方命名为“诒燕堂”，就是借用这份古老的祝福，希望列祖列宗能庇护和赐福给他们的子孙。其实，叫“诒燕堂”也并非鹤湖新居的首创，在江南甚至岭南的传统民居中都有设置诒燕堂的先例，都是同样的意思，希望祖宗能带给族人、带给后人一份保佑、一份平安、一份幸福。

三

讲鹤湖新居的历史该从哪儿说起呢？特别要提到两个故事。第一个故事，鹤湖新居的始创者罗瑞凤是如何来龙岗并建设鹤湖新居的呢？这得从客家人的第四次移民说起。历史上北人南渡，可以说到秦代，说到南越王，而这些移民充分本土化以后，已经成为广府系列的居民了。而其后的移民，像客家人，也只是集中于粤东一带。就深圳的客家人来说，也就

200多年光景，这就是第四次移民。这批移民不是直接来自北方，而是来自广东东部，主要是梅州、兴宁等地区。那为什么这批人要从梅州、兴宁向滨海的深圳、惠州一带迁徙呢？这就要讲到所谓的迁海和复界。当时清政府要抵御反清复明势力的反抗，包括郑成功代表的海上势力，怎么抵御？那就是坚壁清野，将滨海一带的居民完全撤出来。这是出于海防需要的血泪迁移史，沿海居民被“连根拔起”，不得不内迁而重新开始生活。而随着郑成功海上势力的式微，在一批任职广东的朝廷重臣的力谏下，清廷终于下定了复界的决心。虽然开始了复界和复垦，但早先内迁的居民已经在新的地点开始了新的生活，并逐步融入了新的文化之中。许多人并不特别想回到当初迁出的滨海地带，更何况迁海的惨痛记忆犹新，谁还会响应新的复界号召呢？答案是粤东的客家人。一方面粤东的山地居多，生活较为贫穷；另一方面，随着人口增长的规模越来越大，土地已难以养活更多的人口。于是，客家人又在广东的土地上开始了新的迁徙，从山区迁向海边，在迁界形成的荒芜的田地上开创新的生活空间。客家人罗瑞凤一家子就是这群随着复界而来的新移民，目标就是西南方向，今天深圳、惠州一带。何处是具体的目的地呢？这就有了第一个故事。据说罗瑞凤一家子从兴宁挑着箩筐出发之时，在箩筐里放着一只大公鸡，说是等走到天明之时，公鸡在哪儿开始啼鸣，哪儿就是落脚的地方。今天的龙岗一带，是鸡鸣即止的地方，就是新的家园。而这个地点并不是现在的鹤湖新居，而是一个叫“上墟”的地方，罗瑞凤一家子在此定居，并建起宅子。随着家族的逐步繁衍，原先的宅子已住不下更多的人口，更何况随着财富的积累，家业更加雄厚，于是，罗瑞凤夫妇又着手寻找更新的居住空间，而鹤湖新居所在的这一块地，据说风水好、地方大，于是被以双倍价格买下，并开始构建新宅，这就有了鹤湖新居。鹤湖新居的工程浩大，从罗瑞凤开始，历经三代才算是大功告成。

又要讲到第二个故事了。虽然说耕读传家是中国传统社会的信条，但对于居于山地的客家人来说，单靠耕读恐怕也解决不了生存和发展之需。于是，在耕读之外，又有了新的营生领域，那就是经商。其实罗瑞凤一家还在兴宁的时候，当地的商业就已经很发达了，其中的一个重要商业项目——布的经营，就是重要的生意来源，兴宁是当时的布匹主要集散地。而当这些客家人来到深圳这块土地上时，也把布的生意带到深圳，使深圳成为新的布料生产和流通的基地。深圳如今诸多地名都与布有关，如晒布路、布吉、君子布等，都含着关于布的记忆。当然，对罗瑞凤夫妇来说，他们所经营的还不是布，而是酒。客家人在粤东地区积累了丰富的米酒酿造经验，而罗瑞凤就是把酿酒和卖酒的收入作为主要的经济来源，当时的龙岗墟都有罗氏的门店。酒的生意逐渐实现着罗氏的原始积累，有了钱，再买田，再收租，资产规模也越做越大，同时店铺也开得越来越多，罗氏就有了建鹤湖新居的财力和可能性。

讲到贩卖的生意，这就有罗瑞凤的第三个故事——罗家的节俭。传说中罗瑞凤艰苦创业，克勤克俭，他挑着的箩筐里总少不了两样东西，一块石头和一块砖。石头干什么用呢？石头是用盐泡过的，在外经营，有米饭而无菜肴，于是就舔一舔石块，就当自己是在吃菜，就能下饭了。盐在当时是稀缺物品，得节约，得省着吃。而砖头干什么呢？其实不是砖头，而是砖坯。在外不能随便尿尿，尿是肥料，不能浪费，那怎么办？把尿尿在砖坯上，化在砖泥中，然后再带回来放在自家的田地里。

在异乡的土地上开创一份基业需要如此勤劳节俭，这背后就是客家人的文化品质。“合抱之木，生于毫末；九层之台，起于累土；千里之行，始于足下”，宏阔的鹤湖新居，就是起源于这样的毫末与累土，起源于这群奋斗着的移民。

四

讲起诒燕堂，其实还有个相关的名字，那就是诒燕学校，诒燕堂因此还有读书求学的含义在，而只有读书求学才可能上升为承继祖业的宏愿。“贻厥孙谋”，这个“谋”，原先是讲治理国家的谋略，而对罗氏家族来说，可以具体理解为读书求学。读书求学被认为是子孙通往幸福的正确道路，这才有了后来的诒燕学校。这个学校一直到了1951年才解散，而在此之前，诒燕学校算是真正承担了大家族传统中读书求学的使命。作为面向家族后代的教育事业，诒燕学校所实现的正是把罗氏后人培养成人的理想。在没有实现国民教育体系之前，这样的家族学校所承担的就是要使其后代子孙从立学到立人的重要责任，这恐怕也是读书求学的意义所在。正因为如此，在耕读传统中，耕乃至于商只是物质的考量，而读才是文化的、精神的依归。读书在家族传统中永远具有至高无上的精神地位，也只有文化才能给一个家族带来真正的尊严和荣耀。由此就不难理解，为什么当年富可敌国的徽商在积累了大把的财富之后，教育子孙的却主要是这么两句：“几百年人家无非积善，第一等好事还是读书。”积善都可以理解，积善是最大的德行。而把读书看成第一等好事，却特别值得关注。读书才是诒孙之谋，才是立人之道。如果说中国文化基因很强大，而其在家族传统中，尊师重教、读书求学就是这一强大基因的体现。虽然客家移民在新的土地上面临着艰难的生存环境，满足物质的需要和确保生活的安全是当务之急。但读书永远是刚需，尤其是家族立住了脚，建成了新居，读书的事又立马上升为头等大事。

2024年11月，龙岗区政府参与建造的鹤湖书院已正式对外开放。以这么好的名字来命名书院，这本身就是一个美好的开端。名不正则言不顺，而一个好的名字可能就昭示着未来的书院能顺利建成并成功运转。书院传统是中华优秀传统文化的重要组成部分，以鹤湖命名书院，既感古意盎然，又觉瑞气满堂。但如何从一个客家民居实现向现代书院的功能转换，如何让传统的诒燕堂重新焕发出书香和魅力，这其中需要很好的创意、一流的设计。

关于书院，关于书房，中国古人有过很多的描述，非常美，非常雅致，特别是用诗歌表达出来，更是让人神往。特别想提到三首诗词，如果鹤湖新居改造成书院，不妨加以借鉴。一首诗，唐代诗人刘眘虚写的，“时有落花至，远随流水香。闲门向山路，深柳读书堂”。读书堂就设在深深的柳枝之间，其间流水环绕，水中满溢着落花的香气，而书堂后面有条路，一直通往远处的山。另一首诗，唐代诗人杜荀鹤写的，“家山虽在干戈地，弟侄常修礼乐风。窗竹影摇书案上，野泉声入砚池中”。说自己弟侄居穷而道不穷，世乱而心不乱；他的书房，竹影摇曳在书案上，泉声隐入到砚池中，就觉得乱世有难得的宁静。还有一首，明代诗人陈继儒写的，“笑指吾庐何处是？一池荷叶小桥横，灯火纸窗修竹里，读书声”。诗人夜饮归来，庭院里是一池荷叶，小桥横立，关键还有读书的灯火从纸窗里透出来，读书声也从修竹里隐隐传出，读书声和家一样成了归宿。

有了鹤湖新居，又有了建立在鹤湖新居之中的书院，这事儿成了。

深 南 大 道

大凡知道深圳的人都知道深南大道，它在深圳的地位大约就相当于长安街在北京。去北京，少不了去长安街感受京城的华贵与雍容，而来深圳的人，自然也少不了去深南大道，去感受现代都市的敞亮与绚丽。深南大道已经不仅仅是一条路，更是一个象征：一个年轻城市的象征，一个改革开放的时代象征。

一

深南大道对于深圳来讲就是一个大动脉。深圳是一个东西狭长，南北狭窄的城市，面向海而打开，所以靠海或靠海不远的东西向道路穿越城市，常常被称为干线，如滨海大道、深南大道、北环大道，而以深南大道最为知名。深南大道其实分三段，一是莲塘到红岭的深南东路，二是红岭到上海宾馆的深南中路，三是从上海宾馆到南头的深南大道，而其中深南大道最为知名，以至于这三段路常常又被统称为深南大道。其实深南大道最初是广州到深圳的105国道，后被拓展而成了城市主干道。为什么叫“深南大道”？通常以为，从地理来讲，深南大道是深圳城市偏南的一条干道，于是就叫深南大道，其实不然。就“深南”二字讲，“深”指的是深圳，再进一步讲，是当时的深圳镇，是宝安县的中心所在，也就是今天的老东门。对于当年很多的香港人来讲，他们对深圳镇的熟悉程度超过宝安县，也可以理解为什么当年成立经济特区不叫宝安经济特区，而叫深圳经济特区了。再讲“南”字，“南”是“南头”，实际上就是今天的南头联检站。过了南头，就算是到了当年的经济特区外了。

深南大道被称为深圳第一景观大道，全长32.95千米，中心区最宽达350米。从宽度的气象上讲，其他大道确实无出其右，在全国城市中也可以说名列榜首。但如果说起深南大道当初的宽度，可能要大为吃惊。当初建设的时候，宽7米，后来又到50米，再100米，130米，从两车道到六车道，再被拓展到八车道，可以说，一条路的拓宽就像一座城市的扩张，一再突破人们的想象边界。当初在规划建设这座新城的时候，深圳实际人口30万，而当时估计也就到120万，这也算是敢想的了。可转眼之间，深圳实际管辖人口已经到了2000万的边界了。当有人感慨深南路还是建窄了的时候，殊不知当时已经按照“50年不落后”的标准来设计了。

深圳的城市发展主要是从东往西。从罗湖桥这个全世界最大的陆路口岸，香港的资本和人才被陆续引入深圳，带动深圳的改革发展。再加上从蔡屋围到上海宾馆，这算是深南大道自20世纪80年代以来最精彩的路段了。改革开放初期以东门老街为基础，再加上毗邻香港的优势，深南东路一带形成良好的发展势头。深南路再向西拓展到上步、华强北和上海宾馆。当时的上海宾馆是个地标，上海宾馆以东是热闹的都市化，而上海宾馆以西则是大片的水田，像“田面”的名字，还能让人辨认出当年的景象，上海宾馆因此也被称为深圳的城市坐标或原点。一直到20世纪90年代之后，上海宾馆往西才逐步开发，并成为新的城市中心区，进而形成福田到南山的密集的楼群。当然，也很难想象宽阔平坦的深南大道，当初是高低不平的小路，后来经过开山凿石，才铺就了今天的大道。

二

深南大道的影响力不仅仅在于这条路，还在于这条路周边的建筑及其故事。有了这些故事作为支撑，深南大道差不多就是深圳半部改革开放的历史了。

首先讲位于深南中路的电子大厦。这座大厦1981年初开工，1982年底建成，是中电投资股份有限公司新建的，是当时深圳的第一高楼。作为一家内联企业，敢于在当时仅有7米宽、两辆车来回的深南中路旁建起一座高楼，这得需要多么大的勇气。而就是从这里起步，逐步连绵扩张，形成了发达的华强北电子商圈。电子信息行业能成为深圳的支柱产业，并称霸全国，这其中少不了故事的源头——电子大厦。而说电子大厦，就要说到它附近的建筑，一是华联大厦，不是说它的高，而是说它的标志性，它是一座有钟楼的大厦，每天为这个城市报时。同时，当年去机场的巴士都是从这里出发的。深圳从这里联系着外面的世界，联系更高远的天空。二是与电子大厦隔着深南路的统建楼，当年电子大厦一建完，统建楼又立马开工，而统建楼之后，农垦大厦等又一字排开。深南中路就这么被框定了，这以后再想拓宽几乎没有可能。就在这一路段，像电子大厦一样，楼几乎紧贴路面，路和楼差不多都扩张到了极限。

再说国贸大厦。虽然它只有162米、53层，但在当时不仅是深圳最高，也是全国最高，电子大厦也因此被取而代之了。国贸大厦的意义何在？这就是“三天一层楼”。邓小平同志讲的，“你们要搞快一点”，而国贸大厦可以讲是“快”的代表。深圳人讲“时间就是金钱，效率就是生命”，而国贸大厦就是深圳速度、深圳效率的符号。

还要说的就是地王大厦。如果说国贸大厦代表的是速度，那么地王大厦代表的就是高度。地王大厦曾是亚洲第一高层建筑，69层，384米。1993年开建，1996年完工。正是从地王大厦开始，城市天际线被重新定义了。关于深圳的城市图像中，几乎都能看到引用地王的形象。这一记录被打破还要等到京基100大厦，再后来是平安金融中心大厦，深圳的天际线一再被改写，城市向上走就似乎没有停止过。

三

讲深南大道就必须讲到邓小平。深南大道如果说是一条改革开放的大道，那么中国改革开放总设计师邓小平就是这条大道的灵魂。也从来没有一条大道像深南大道一样，与小平同志如此紧密相连。2023年，《邓小平小道》获中国电影华表奖的“优秀故事片”奖，电影讲的就是邓小平在江西下放劳动的情景。小道通大道，从邓小平小道到如今的深南大道，我们看到的是坚定的改革开放的步伐与情怀。

讲深南大道与小平同志的关系，首先要说的就是《邓小平画像》。位于深南大道与红岭路交会处的小平画像，已经成为外地人来深圳游览必看的一个景点了。画像的影响力巨大，以至于20世纪90年代香港老电影讲述深圳的场景时，常常要带上这幅画像作为深圳的重要符号。而在每年邓小平同志逝世纪念日，都会有市民自发地献花，向这位改革开放总设计师表达致敬和缅怀。《邓小平画像》是由深圳市委宣传部主导设立的，前后共出现过4个版本，4个版本上都有小平同志的大幅头像，而画面上题词都来自小平同志掷地有声的话语。最早的版本是“不坚持社会主义，不改革开放，不发展经济，不改善人民生活，只能是死路一条”，那是1992年小平同志南方谈话中的一段，是在国贸大厦发表的。而到1994年的版本，文字是“深圳的发展和经验证明，我们建立经济特区的政策是正确的”，就是要充分肯定深圳的成就。而1996年和2004年至今的画面上，写的都是“坚持党的基本路线一百年不动摇”。小平画像作为景点经过两次大的扩建，以画像为中心，逐步形成了邓小平画像广场，而邓小平画像广场也成为市民和游客打卡的首选。

讲深南大道与小平同志的关系，还要讲的就是邓小平铜像。经中央批准的小平同志的铜像只有两处，一处在小平同志老家四川广安，一处就在深圳。深圳的铜像高6米，重6吨，规模最大，可见小平同志和深圳非同一般的关系。深圳的邓小平铜像就在离深南大道不远的莲花山顶，位于城市中心。铜像是深圳雕塑院原院长滕文金的作品，内容是小平同志身穿风衣，大踏步前行的身姿。人们都能亲切地读出寓意，那就是小平同志讲的，改革开放要“胆子大”和“步子稳”，通过塑像的眼神和前行的身姿，我们读出的还是改革开放坚定的意志和乐观的信心。

特别值得一提的是，习近平总书记于2012年和2020年两次在莲花山顶向小平同志铜像敬献花篮。这两次分别是党的十八大后习近平总书记离京视察的第一站，以及深圳经济特区建立40周年之际。两次敬献花篮，都在向世界表明中国改革不停顿，开放不止步的决心和意志。习近平总书记曾经在莲花山顶远眺经济特区新貌，并对市民群众说："经过40年的发展，深圳还是一个年轻的城市，蓬勃向上、欣欣向荣……到新中国成立100年时，我们将建成社会主义现代化强国……那时的深圳又将是另外一番景象。"

莲花山不仅安放着中国改革开放总设计师小平同志的铜像，更洋溢着中国改革开放的精神和灵魂。

四

深南大道贯通着城市东西，也贯通着深圳的过去与未来。一条大道讲述着城市的历史，也讲述着无数闯荡者的人生故事。曾经有很多文学作品写到深南大道，不仅有散文，还有小说，有一篇小说就叫《深南大道》，是打工作家戴斌在《人民文学》杂志发表的。小说讲的就是外来打工妹小菊在深圳的生存状态，虽然小菊有磨难，有坎坷，但她心中有一个不灭的梦想：一定要到深南大道看看。她的表姐就曾经和她说，深南大道是深圳最漂亮的地方，两边全是漂亮得不得了的风景，比香港还漂亮。只要讲到深南大道，小菊整个人就像打了鸡血一样充满力量。深南大道因此而成为一个象征，代表未来，代表灿烂，代表美好。当初从经济特区外走过南头关，就到了深南大道，这就算到了真正的深圳，因为深南大道就是深圳的核心。说深圳是个梦想之城、奇迹之城，深南大道就仿佛是它的最完美的象征。

小说《深南大道》的调子可能有点灰色，写出了梦想照进现实的艰难，但深南大道作为梦想存在，似乎是稳定而不容置疑的。讲深南大道还有“唱得比说得好听”，曾经有个民间乐队就叫“深南大道”，有轻摇滚的味道，就是想唱出那种迷惑却充满梦想的样子。而以深南大道为题的歌曲就曾经流行过、传唱过，并且慰藉过那么多闯荡深圳的年轻人的心，像《我的深南大道》《深南大道》《我爱你，深南大道》等，就是其中代表性的作品。很喜欢卢泓作词、刘冲作曲的《深南大道》，因为它唱出了一条路的前生今生，也唱出了一座城的过去和未来。歌中唱道：“我刚来的时候是小路，弯弯曲曲，灰尘满天飘。下雨的时候泥巴甩裤腰，坑坑洼洼，车辆好像小船在海上摇。”深南大道的这首歌曲所唱出来的情景，恐怕只有在老照片上才能见到了。深南大道的巨变也在歌中得到了呈现，“平平坦坦小路变大道，观光巴士在大道上穿行，齐齐刷刷，旅游金融科技高楼高”。歌中唱出变化的景观，也唱出不变的情怀，“深南大道你让我哭，让我笑，让我感动让我跳；深南大道我为你累为你跑，为你青春守到老”。因为爱一条路而爱一座城，通过爱一条路而爱上一座城，这就是深南大道的精神魅力。也许只有在深南大道才能找到那种青春感，“走在深南大道，谁都青春年少；走在深南大道，谁都风华正茂；走在深南大道，梦想不再缥渺；走在深南大道，现实也很美好”。对那些闯荡深圳的年轻人来说，深南大道就是有如此强大的治愈功能。

有意思的是，很多唱深南大道的歌都唱到了邓小平，唱到小平画像。唐跃生写的，“背起书包，走过深南大道，看见小平爷爷在微笑，高高的蓝天白云朵朵，红红的簕杜鹃在燃烧”。歌中的小平是个慈祥的长者，永远凝视着、呵护着这座充满希望的年轻城市。

五

深南大道的魅力不仅仅在于它的景观，也在于它的文旅融合的价值。围绕这条干线，深圳的文旅行业也不断展示着它的创新能力和巨大的影响力。要讲20世纪80年代的深圳旅游业，少不了讲到“五湖四海”，是它们全面展示了这个滨海城市的亲水的活力。而这其中就少不了1983年建成的紧靠深南大道的香蜜湖度假村。香蜜湖曾经是个水库，而从“香茅场水库”到“香蜜湖”的名字变化，真正有蝶变的架势。当年的香蜜湖度假村是全国最大的娱乐城，有最长的娱乐列车，有最大的国际舞场，可想而知其鼎沸的人声。可如今旅游业早已迭代，香蜜湖水面上还存留的娱乐列车的钢架，算是仅存的记忆了。而香蜜湖新金融中心将在这里建成，深圳未来作为有影响力的国际金融中心将在这里找到最精彩的展示。

而说到20世纪90年代深圳的文旅行业，就必然要说到华侨城的锦绣中华、民俗文化村和世界之窗了。这个由央企华侨城集团投资建设的三大景区是在一片荒芜的滩涂上建成的，也算是真正的创造了。曾经在相当长的时间内，外地朋友来深圳，要带去参观游玩的，几乎就少不了华侨城。从锦绣中华的“一天迈进历史，一日游遍中华”，到后来民俗文化村的“纵览五千年文明，荟萃八万里风情”，再到“世界之窗”的“你给我一天，我给你一个世界”，都成为当年深圳旅游业极具影响力的口号。无论是从“五湖四海”再到锦绣中华、世界之窗，沿着深南大道所展开的文旅行业，似乎都在展示着这个城市的个性，那就是包容的文化和开放的视野。中国和世界都在向这里注视，向这里汇聚。

而说到紧邻深南大道的旅游项目，就少不了讲到“青青世界”。这个以植物为特色、以科普为底色的观光农业景区，曾经被誉为森林和田野的课堂，蝴蝶谷就是代表性的景点。讲到青青世界，就少不了讲到著名词作家乔羽写的歌《青青世界》。这首歌是乔羽老师被青青世界和深圳这座年轻城市深深打动之后创作的作品，而歌手那英在1997年春晚唱过这首歌之后，《青青世界》更是被传唱一时。青青从哪里来？从这里每一片草上来，从这里每一片树叶上来，从早晨的鸟语中来，从夜半的蛙声中来……乔羽要讲的青青世界是一个景区，又何尝不是一个由深南大道横穿的年轻城市呢？青青最终“从你的眼波中来，从你的梦境中来”，年轻人汇聚的深圳就是这样一个青春之城，就是这样的青青世界。

讲深南大道所串联的主题公园，最后还是要落脚到深南大道上来。代表着改革开放时代精神的深南大道，本身就应该成为文旅开发的目标。据了解，深圳文旅主管部门在梳理活化深圳改革开放文物资源时，就提出设立四条特色旅游线路，而深南大道创新主题线路是其中特别值得关注的设计。据调查，深圳改革开放文物资源在第一和第二阶段主要位于罗湖、福田和南山，而其中60%就集中在深南大道一线。依托深南大道的景点设置，就足以让我们重温这座城市改革开放的历史和精神。面向未来，记住这段历史，传承这种精神，深圳就有望在先行先试的改革发展中，创造出新的更大的奇迹。

赤湾远眺

讲赤湾可能没多少人知晓，但讲到当年的“新安八景”，又绝对少不了“赤湾胜概”。当年商船竞发，香火缭绕，又是怎样的一番盛况呢？回望历史，回望这个位于深圳南头半岛南端的湾区风雨，难免要发思古之幽情。

一

讲“赤湾胜概”，清康熙《新安县志》曾有记载，“赤湾胜概，在南山之南，势耸丽，开展两翼，盘护葱郁”。赤湾三面环山，在山海之间形成了小小的湾区。赤湾港的形成，大约少不了湾区这一独特的地形，深圳第一条国际集装箱航线就是从这里起步的。

那赤湾又因何得名呢？有两种说法。一种说法是，从北海飞来的大鹏搏杀九头蛇于南山，血水染红了湾区，所以称赤湾。另一种说法是，南山沿海地带多为红土，经海水冲刷形成红色的岸线，所以干脆就叫赤湾。从这两个说法看，前者为传说，无从考证，而后者倒可能是真正的缘由。

二

如今的赤湾码头已是一派现代景象，高楼林立，灯火璀璨。但回想从前，我们看一首当年知县黄成元写的诗《赤湾晚眺》，可以感受如何的胜概，“偶来闲步夕阳斜，拂袂新凉性自奢。宿树鸟窥潭底影，骑牛人隔陇头霞。云归烟管遮山色，风拥湖桥走浪花。尽听扣舷渔唱歇，满滩明月晒银沙”。诗说的应该是夕阳西下到明月升起的景象，鸟栖息在水潭边的树上，人骑着牛从山里往回走，背后的山头升起了烟雾，而眼前的海泛着细浪；听着渔歌在响起，看着明月照着银色的沙滩。这完全是一幅如梦如幻的场景。有歌讲澎湖湾的美，“晚风轻抚澎湖湾，白浪逐沙滩”，恐怕也赶不上这首诗中的赤湾了。想来赤湾既有田园牧歌的悠扬，也有湾区渔歌的旷远，知县黄成元算是为之陶醉了。

三

再到王士龙写的《赤湾》的诗上来。他不仅写了伶仃山、伶仃洋的雄壮，写雄阔的地理，更重要的，他还讲了海上贸易的情况。“诸彝贡篚南溟阔，万国舆图北极尊”，感觉是在辽阔的南海上，万船云集，八方来仪。而“日照琼珠明岛外，风生麟角起云根”，感觉整个大洋也要随着商船的往来而风生水起，风云际会。杜牧曾经写过西江的商贸，“千秋钓艇歌明月，万里沙鸥弄夕阳。范蠡清尘何寂寞，好风唯属往来商”，但内陆河流上的商船比起南海，气象似乎还不够热闹，不够壮阔。

如果讲海上丝绸之路的盛况，王士龙的这首讲赤湾的诗算是作了生动的描述。讲赤湾的往事，最终还是要联系到大历史上来，那就是海上丝绸之路。讲海上丝绸之路必然要讲到泉州，但一马当先的还应该是广州。最极端的例子是，广州曾经是唯一经朝廷批准的合法通商口岸，而十三行曾经把海外贸易推到极致，其巨大的税收收入，则被源源不断地输往朝廷。庞大的满载丝绸和瓷器的商船，从珠江转向入海口，然后便进入茫茫大洋，也就是伶仃洋。而有意思的是，经过伶仃洋的船队往往在赤湾停靠，停靠的一个主要目的就是要获得补给，以备穿越大洋之需。对海上丝绸之路，人们通常关注的是太仓、泉州、广州等，但不能因此就忽略了赤湾。没有赤湾，就没有其后的万里之行，而过了赤湾，才算是真正告别了陆地。古代商船往来广州与南洋诸国，都必须要经过赤湾。总觉得赤湾在海上丝绸之路中的重要性，没有得到应有的评估，而挖掘相应的历史，展现相应的场景，是今天的深圳应该逐步完成的文化工程。

四

讲到商船停靠赤湾，除了获得补给外，还有一条必须说明，那就是祷告，祈求风调雨顺，祈求平安归来。航海人最在意的是平安，所以从赤湾真正进入大洋，就必须要求个心安，于是就有了天后宫，就有了必要的祷告。而赤湾的天后宫据说最为灵验，这可能与郑和的船队有点关系。当时郑和的船队从珠江口进入伶仃洋，遇到大风暴，险遭灭顶之灾，而最后能化险为夷，说是有一个重要的原因，就是向天后做了虔诚的祷告，天后给予了巨大帮助。所以郑和从南洋返回内陆后，就向朝廷建议重修天后宫，以表达感恩之心、感激之情。赤湾天后宫已经过多次重修，其中有碑记载重修过程，“因思赤湾为洋舶往来之所必经，富商巨贾，既邀神贶，而享其利，必报神德，而输其诚”。意思是说，经过赤湾的都是国外的商船，这些商船是富商们得到神灵所赐予的财富，就应当诚心诚意地去报答神灵。

实际上，一个天后宫联系的是一条路，即海上丝绸之路。海上丝绸之路越发达，天后宫的香火就越旺盛。天后宫始建于宋，到了明清时期更是蔚为壮观。矗立在天后宫的6米高的天后塑像，体现出赤湾天后宫独特的地位，而雍正、乾隆、光绪御书的牌匾更使其具有正统地位，昭示其属于官府主祭的庙宇。历史上，天后宫较大规模的修缮和扩建，就达八次之多。而讲祭祀妈祖的大典莫过于“辞沙”了。顾名思义，辞沙即辞别沙滩，转入大海大洋，史载，“凡济者必祷，谓之辞沙，以祠在沙上故云”。为保海上平安，过海过洋的人将猪、牛、羊的肚子掏空，填草并置于沙滩上祭拜。拜毕，即将填草的牲口投入海中。此风俗几乎为赤湾天后宫所独有，于2007年被列入广东省非物质文化遗产名录。这一大典曾一度中断，现又正式恢复，并由沙滩移至天后庙举行，以表达人们对美好生活的愿望，祈求风调雨顺、国泰民安。

讲天后的神奇与伟大，就容易联想到清代诗人袁嘉言写的《赤湾谒天后庙》一诗，“庙貌光同日月昭，伶仃横锁海门潮。云随仙配归金阙，雾卷灵旗下碧霄。岛外鲸鲵沉浊浪，空中鸾鹤舞回飙。即今万国柔怀日，重译都来奠酒椒”。诗中说，神奇的天后夹灵旗，下碧霄，像飞舞的鸾鹤，穿越于巨浪之间，解救生灵。而有了天后，才有万国怀柔，万民祭拜。因为天后宫，赤湾及赤湾之外的茫茫大海仿佛都成神灵应许之地了。

五

南头为全广之门户，而处于南头半岛南端的赤湾，自然为咽喉要道，史称“番船……由大屿山进南头，直入虎（头）门，以抵于珠江”。想起王勃写的《滕王阁序》，称洪都“控蛮荆而引瓯越”，南头一赤湾大约就有这样的气势。正因为如此，赤湾所依托的赤湾山与小南山，从东西两边钳制着赤湾水面，并雄视着前方的伶仃洋。所以在赤湾山上设有左炮台，小南山上设有右炮台，既防海盗的侵扰，又防番邦的入侵。左右炮台始建于康熙八年（1669年），清康熙五十六年（1717年）建成。据载，左炮台曾拥有6门生铁炮、12门佛朗机炮，为海防作出了巨大贡献。从装备上讲，左右炮台比明代的南头城、新安营要先进得多，因而也是屡立战功。当年林则徐能顺利地开展禁烟运动，关天培能在伶仃洋面上击退英军，左右炮台的贡献厥功至伟。

今天所见的林则徐的塑像依然在讲述一个时代的不屈往事。虽然当年国力衰微，禁烟最终失败，但林则徐为捍卫民族尊严而奋力抗争的形象，被人们长久地纪念和景仰。尤其是他的两句名言“苟利国家生死以，岂因祸福避趋之”，已成为诸多爱国之士的座右铭。相信当林则徐置身新疆的山川，说出“我与山灵相对笑，满头晴雪共难消”的时候，他眼前和心中浮现的，除了远处的雪山，恐怕还有更遥远的虎门，更遥远的赤湾，更遥远的伶仃洋。

远眺历史，烟云似乎并未完全散去。当古老的大陆国家向大洋深处进军的时候，我们仿佛又看到了当年赤湾驶过的商船；当左右炮台在守护着伶仃洋安宁的时候，海防曾经成为整个国家关注的焦点；当列强从海上打开进入中国大门的时候，赤湾被遗弃并消失在历史废墟中的炮台，似乎都带有挥之不去的苍凉。当赤湾港再度连接世界，再度直视大洋的时候，我们想到的是重新架设的海上丝绸之路。就像诗中说的，地球母亲总是从海洋深处奏出些音乐来，安慰我们的灵魂。

鹏城，鹏程

称深圳为梦想之城、奇迹之城，恐怕很多人都知道，因为深圳本身就起于梦想，终成奇迹，仅仅用了40多年的时间，就从偏僻小县建成了现代化大都会，人类城市发展史和文明发展史上恐怕都少有这样的奇迹。但深圳还有一个别称，除了深圳人，知道的恐怕并不多，这就是“鹏城”。

一

“鹏城”这名称从何而来，因何得名呢？未来又昭示着什么样的寓意呢？恐怕是值得我们探究的。用动物的形象来联系一个城市乃至一个国家，这种情况并不少见。如德国的国旗就用黑鹰为标识，红爪红嘴的黑鹰就成为德意志民族所崇尚的图腾，意味着恩宠与希望、幸福与力量等。而瑞士伯尔尼则直接被称为熊城，不仅熊成为标识，而且在城市里真的能见得到熊，这恐怕是现代的城市所少有的。而深圳被称为“鹏城”，“鹏”又是什么呢？许慎《说文解字》是这样表达的：鹏即凤，从鸟，凡声；“凤飞，群鸟从以万数，故以为朋党字”。意思是什么呢？许慎认为，所谓大鹏就是凤凰，凤凰飞的时候群鸟跟随。今天都有“百鸟朝凤”的说法，可为验证。当然有人说凤凰形象源于孔雀，但当凤凰成为图腾的时候，它显然杂取了诸多动物的形象，而被想象为传说中的神鸟。至于说鹏与凤为一体，则显然不只是祥瑞和安宁，又增加了新的含义，如雄强与阔大的意思。鹏与凤因此有相同意指却又有不同含义。

庄子在《逍遥游》中，对此作了生动的摹写，“北冥有鱼，其名为鲲。鲲之大，不知其几千里也。化而为鸟，其名为鹏。鹏之背，不知其几千里也。怒而飞，其翼若垂天之云”。庄子认为，大鹏是从一种叫“鲲”的鱼变化来的，今天人们讲“鲲鹏展翅”，就验证了这个说法。鹏显然是庄子笔下的神鸟：一，鱼不可脱于渊，不可能从海里直接飞到天上；二，鱼再大再长，也不可能达到几千里。只有传说中的神鸟才如此阔大，如此有力，如此具有神性，并可以从大海飞到高天。庄子这么讲鹏，是想带入一种什么样的精神，什么样的哲学呢？那就是，人生在世，不要像蓬蒿之间的蜩与学鸠，要有阔大的格局和高远的境界，一直达到“秉天地之正，而御六气之辨”，成为“以游无穷者”！这就是庄子所讲的“独与天地精神往来”的气象，“彼且恶乎待哉”，有什么欲求放不下呢。

庄子是道家的“代言人”，而《庄子》一书几乎处处都在奉老子为经典。而庄子讲的大鹏精神，在另外一个笃信道家的“代言人”身上得到了淋漓尽致的再现，这个人就是李白。李白一辈子就想做个自由自在、无恃无待的大鹏。别人说他是谪仙人，他就老实不客气地说，“手把芙蓉朝玉京”，把天上当成自己的归宿。而来去自由的仙人，实际上就是大鹏精神的体现，乘天地之正，与天地精神相往来。无论在青年、中年还是老年，他都把自己当成是这样一只骄傲的大鹏。“大鹏一日同风起，扶摇直上九万里。假令风歇时下来，犹能簸却沧溟水”，既能水击三千里，又能高飞九万里。他本来是求人举荐，但丝毫不肯降低自己的身段，“宣父犹能畏后生，丈夫未可轻年少”，整个就是一孤勇者，把荣誉和尊严看得比生命还重要。他事实上是仕途上的失败者，一没谋到像样的职位，二被投入大牢差点送了性命，但他坚定地认为自己就是一只大鹏，只是时运不佳，“大鹏飞兮振八裔，中天摧兮力不济”。但大鹏的精神依然永存，“馀风激兮万世，游扶桑兮挂石袂”，影响力并没有打折扣。为大鹏精神集中歌唱的，当数李白的《大鹏遇希有鸟赋》，赋中说大鹏一鼓一舞之间，“五岳为之震荡，百川为之崩奔”，“斗转而天动，山摇而海倾”，“怒无所搏，雄无所争”，一直到他惊叹，“伟哉鹏乎”，“吾右翼掩乎西极，左翼蔽乎东荒。跨蹑地络，周旋无纲。以恍惚为巢，以虚无为场”。讲大鹏的气象与精神的，恐怕没有超过李白这篇大鹏赋的。大鹏就是这样的神鸟，这样的神一样的存在。深圳以这样一只神鸟相命名，该是怎样的一种光荣与神圣，怎样的一种博大与雄强。

二

问题来了，为什么深圳被命名为鹏城？这来源于什么样的因缘？从中国古代对一地区命名的两个基本特点来看，一是源于地理方位，如山西、河北等，便于定位和寻找。记得古徽州有个村落叫西溪南，听起来像新西兰，它实际上是说，西边有条溪水，溪水的南边有个村子，这就叫西溪南。一是来源于形状，如马鞍山、鸡公岭等，或状似马鞍，或状似鸡公，干脆就直接以之命名了，便于记忆，也便于指认。命名鹏城大约是来源于后者。很有意思的是，深圳有两个海湾，两个海湾又拥抱着两个半岛。一个是南头半岛，一个是大鹏半岛。而这两个半岛上有两个地名，直接联系着深圳的历史。一个是南头半岛的蛇口，深圳的改革开放最早从这里起航；一个是大鹏半岛的大鹏山，大鹏山是深圳可查的最早以大鹏这样称谓的地名了。有了大鹏山的名字，才有了邻近的大鹏所城的名字，而有了大鹏所城的名字，才有了鹏城的名字，而其他系列名称如大鹏公社、大鹏镇、大鹏街道以及鹏城村，就应运而生了。而大鹏山又如何得名来的？就是因为这座半岛上的山脉"以其如鹏居海，故名"，就像大鹏雄踞海上，所以被称为"大鹏山"。诗人王德昌写大鹏东山寺的诗句"烟霞有约山如在，岁月无私人白头""丹梯欲上应长啸，遥望汪洋天际浮"，讲的就是大鹏山在山海之间的气势。当然也少不了历史的慨叹，山海还在而人早已白了头，大鹏仿佛翱翔于汪洋之上、烟霞之间。值得一说的是，还有一个诗人祈顺的句子"凤兮不来梧桐老，目极空山无尽情"，因为凤凰不来，等待中的梧桐已然老去。而山因此是空的，千古的情怀也无穷无尽。诗中讲的"凤兮不来"，恰恰验证了凤与鹏是同一种神鸟，代表的是同样的祥和与神圣。

当然，今天再讲大鹏山，知道的人恐怕不多了。深圳地势东高西低，就在东部耸立着两座巍峨的山峰，第一是梧桐山，第二是七娘山。七娘山就是今天的大鹏山。《新安县志》就有大鹏山与七娘山并称，称大鹏山是源于地貌，"状如鹏举"，而称七娘山是源于传说有仙女七人来此。七仙女的故事到处都有流传，所以称七娘山倒并没有什么特别之处。古代中国的海洋文化并不发达，奔流到海不复回，说到海就是尽头，就被放在括号里，基本不再言说了。说仙女来过，说明是人迹罕至，大体算文明的化外之地，荒僻是肯定的了。连犯了罪的官员也基本没有流放至此的。还是叫“大鹏山”好，至少由此开始，鹏城这故事就有了重要的根源。所以有人建议将七娘山改为大鹏山，听起来不无道理，至少有正本清源的意思。当然，讲大鹏的名字起源与地貌有关，还有更大的想象，那就是大鹏半岛一边连着大亚湾，一边连着大鹏湾，两大湾区像是大鹏的“不知其几千里也”的两翼，而大鹏半岛就是大鹏硕大的身躯，这样就不仅是大鹏半岛的一座山像大鹏，而是整个大鹏半岛就像一只正欲高飞或踞于海上的大鹏鸟。再一个说法是，南头半岛一边是深圳湾，一边是伶仃洋，南头半岛就是大鹏的身躯，而两片海洋就是双翼。当然，这样的说法虽然理论上也存在，但可能更像是深圳西部的人的一厢情愿或意气用事。从系列以大鹏相称的地名看，大多集中在东部，看来这种状如大鹏的隐喻，也是从古至今习以为常了。

这是从地理讲鹏城的由来，其实还有一个来由要说，这就讲到《庄子·逍遥游》了。书中讲到那只从鱼化为鸟的大鹏，趁着大风“怒而飞”，蓬勃地飞起，要飞到哪儿去了呢？“是鸟也，海运则将徙于南冥。南冥者，天池也。”海上刮大风的时候，可能就是台风，大鹏鸟就飞向了南冥，南冥通常讲就是南海。当然也有说南冥不是南海，而是“天池”。那天池又在哪儿呢？一个说法指向梧桐山顶，说当初梧桐山顶有很大的水面，被称为天池，应该算山顶之上的湖水了，不知道是不是类似于地壳运动形成的。现在在梧桐山顶还有一处人工景点，就叫天池，但怎么看怎么不像，水域又小又浅，像池塘，肯定是装不下神鸟大鹏的，也肯定不会像大鹏山一样，有七仙女来此神游的。说大鹏落于梧桐山顶，无非就是说大鹏遨游在天地之间，有必须有的高度，而深圳的最高峰可以相称。当然高度有了，还得有宽度，而从目前的天池看，是远远达不到这样的宽度的。

三

从北海飞到南冥，似乎注定大鹏与海相关，本来就是从鲲变化而来的，所以总是离不开海。鹏城也因此是滨海之神，坐落于南海之滨。众所周知，古代中国更像是一个大陆国家而非海洋国家，虽然也有郑和下西洋的壮举，也有面向东海、南海的开拓，但更多时候总是以海为界，守在黄河、长江两岸，日出而作、日落而息地生活。当海洋在国家安全中的地位日益提升以后，朝廷也开始把视野从对草原的防御转向海洋的守卫。而南海恰恰是最为重要的环节。有人提出，从东往西，从大鹏所城到南头古城再到虎门这三个要地，可共同申报世界海防文化遗产。这一说法不是完全没有依据的。据嘉庆《新安县志》载，“虽今之汛地及设兵，皆与旧制不同，而大屿山、鸡翼角炮台，南头炮台，赤湾左、右炮台，最为险要”，而由大屿山经南头直入虎头门，以抵于珠江。这是这一海防链条的关键。当然，这一链条自是少不了大鹏所城这一重镇。“大鹏一城，所以御东北也，与平海相连，而自惠潮至者，则大鹏适当其冲。”海防的对象不仅有外敌，还有匪患。志书中记载，顺治四年（1647年）的时候，山寇陈耀就曾经破防大鹏城，贼首李万荣盘踞于所城，后来总兵黄英杰将李万荣击败，并围困其于大鹏山，最后匪寇弹尽粮绝，不得不投降，这方土地才恢复和平。

讲深圳的根，就要讲到南头古城，这是当年县衙所在地。而殊不知南头古城不仅是行政中心，更是海防要塞，“而南头一寨，则为虎门之外卫，即为省会之屏藩，尤为扼要。”南头一寨，实际就是南头守御千户所城。这是西部的海防，中心是南头半岛的南头古城，而东部的海防，中心是大鹏半岛的大鹏所城。大鹏所城又称大鹏守御千户所城，是海防要塞。二者共同守护新安。“新安营不辖大鹏，而大鹏营仍兼防新安。”

从明代看，南头海防似乎更为紧要，而到了清代，大鹏海防的地位又更加突出，其中一个重要原因就是香港。当年赖恩爵将军率大鹏所城守卫，就曾在九龙海面进行过一场激烈的海战，这甚至被称为鸦片战争的第一枪。虽然有人认为这场海战规模并不大，且有试探性，但从取得胜利的战绩看，恐怕是此后晚清很少看得到的。而就是这个赖恩爵将军，心心念念于国家，他曾经说过，“吾忧朝廷腐败而忧，吾乐收回香港而乐”，并因此立下遗嘱，如收回香港则一定要祭告他的在天之灵。当年陆游说，“王师北定中原日，家祭无忘告乃翁”，这一梦想终未实现，南宋的王师一败再败，直至崖山彻底覆灭。而1997年香港回归祖国，赖将军的梦想算是真正实现了。

四

宋孝宗淳熙十三年（1186年），南宋著名词人辛弃疾送好朋友廓之参加秋天的科考，特地写了一首词《鹧鸪天·送廓之秋试》来表达他的美好期待。词的上半阕主要交代时令场景，而下半阕则集中讲述了他的祝愿。他写道，“鹏北海，凤朝阳。又携书剑路茫茫。明年此日青云去，却笑人间举子忙”。想象中，廓之携书剑上路赶考，并且金榜题名，青云直上，鲤鱼跳龙门。那个时候，再微笑着看那些举子们正忙着赶考。要特别注意的是，他说的“鹏北海，凤朝阳”，是最为典雅的祝福语了。就说“凤朝阳”，《诗经》中就有“凤凰鸣矣，于彼高冈；梧桐生矣，于彼朝阳”。梧桐树生于高冈，迎着朝阳，而在梧桐树上，是凤凰在喜悦地鸣叫。有了梧桐，然后又迎来了凤凰，无疑是最祥瑞的景象了。但还不仅如此，还有“鹏北海”，那是指大鹏乘着海风，迁徙于南海。北海与南海有千里之遥，而这趟迁徙的旅行，常常被称为鹏程“鹏北海”，就是说廓之像大鹏一样，从北海开始，万里飞翔，抵达天池，就在这海天茫茫间找到幸福的归宿了。所以说鹏飞万里，像梧桐引凤凰一样，都是祥瑞的祝福、美好的期待、理想的旅程。当然，如果按《说文解字》，二者的意思可合二为一，神鸟大鹏的旅行，目的地就是天池，就是南海之滨、梧桐山下的深圳。鹏程因此而使得鹏城成为应许之地、理想之城。

常常想起李白说的大鹏，“凭陵随海运，燀赫因风起。吾观摩天飞，九万方未已”，这是讲大鹏和他的高飞之路，而鹏城深圳不正向世界展现高飞的状态和意志吗？这是由鲲到鹏的蝶变，也是由北海到南海的怒飞，这是神鸟伟大的鹏程，也是鹏城举世关注的鹏程。也许就是感慨于深圳改革开放之初的蓬勃气象，在1982年，一位86岁的老人刘海粟先生似乎是“风落雷转，一挥而就”，画出了一幅巨作《大鹏展翅九万里》。刘海粟先生来深圳，本来打算住上几天就走，但深圳火热的景象、拓荒的气势，深深打动了老人家。他一住就是半个月，并且主动要求为这座刚诞生不久的城市画上一幅巨作，并且就以大鹏为意象来祝福深圳鹏程万里。他在题画诗中写道：“云移怒翼搏千里，气霁刚风御九秋。”那还是深圳的早春，很多人对她的未来还报以质疑目光的时候，老先生却这么看好深圳，看好鹏城的未来，确实太给力，太提振信心了。

如果讲个比喻的话，改革开放的国策就是海运，就是大风，而深圳就是那只趁着海运腾空而起、扶摇直上的大鹏鸟，翱翔在辽阔的海天之间。据说刘海粟先生在作这幅画的时候并不知道深圳有大鹏山，有鹏城村，有鹏城之诣。但就是这么机缘巧合，老先生认定了深圳就是一只“御刚风，搏千里”的大鹏。刘海粟先生的画素以意驱笔，以意气激荡于笔端。而这回深圳的气象使老人家“笔所未到气已吞”，“便引诗情到碧霄”了。刘海粟先生的预言没有错，深圳的奇迹就证明了他所写的大鹏精神。这一精神深深浸入到城市的血脉中，使这座城市一直在为理想而起飞，为千里万里的未来而遨游。

祝福深圳，祝福这座以“鹏”命名的城市，祝福这片在传说中被神鸟光顾的土地，以及它脚下的每一片海水，每一寸土地，每一个迁徙着、奔忙着的人。

蛇口的天空

如果不是改革开放的话，恐怕大多数人不会知道蛇口。知道“虎口”代表险境，如“虎口拔牙”是很危险的事；知道“鸡口”代表小空间，“宁为鸡口，不为牛后”的意思是哪怕在不大的格局中，也要掌控全盘。那蛇口，蛇口意味着什么？这样一个地名在改革开放40多年的岁月中又被带入什么样的含义呢？这才是我们今天要特别关注的。

一

蛇口这个名字其实是来自地理的形状，它位于深圳湾畔南头半岛的南端，南端的地势是南高北低、南宽北窄，形似蛇头出洞，故名蛇口。蛇口单就命名来讲，肯定不太华贵，不雅致，只是从地形得名而已，否则谁又愿意说自己住在蛇口呢？当地人取这样的名字，大约也是图个方便，图个好记。据了解，在20世纪六七十年代的地图上都找不到蛇口的名字，而当年中央领导关于蛇口开发的批示，竟是在一张港版地图上完成的。蛇口名字当然没有秀才们加工过的痕迹，不然哪有像“观澜”“东和”等地名中的雅意。而蛇口在改革开放前的面貌恰恰验证了这一点，本来就是荒僻与窘迫之地，除了滩涂就是荒山，路面也是坑坑洼洼。当年考察工业区选址的人说，“连厕所和洗脸水都没有”。当地人很多靠捕鱼为生，而岸边常常是晾晒鱼干的地方，风飘过去满是鱼腥的味道。当然，也少不了迎面飞来的苍蝇。

当年，袁庚带人来此探访地形，他看到的肯定是荒凉。然而，他的目光早就越过了荒凉。他编的故事指向的是未来，他说，秋风吹来，椰林瑟瑟，那是中国未来的“夏威夷”。袁庚也好，香港招商局也好，为什么要选择蛇口这片荒僻的土地呢？这要从香港招商局说起。招商局是“百年老店”，担负的是实业救国、产业报国的信念。然而到了20世纪70年代末，招商局已然破败到几乎找不到一条船了。而恰恰又在这个民族复兴的梦想再度启动的时刻，招商局被寄予了新的希望。招商局开始进入一盘大棋，并希望能创下财富，蹚出新路。为什么要选择蛇口？因为蛇口离香港最近，近在咫尺，游过去恐怕也就3个小时左右，对面就是香港的元朗了。在蛇口建一个出口加工区，利用低廉的土地和劳动力成本进行加工出口，足以创造出一个新的致富门路。于是有人就这样比喻，从香港中环的招商码头出发，袁庚一行几乎一步就来到蛇口，而这一步，招商局就等了100年。而有意思的是，在1978年这样的分水岭上，蛇口中学那些刚毕业的年轻人，他们的选择几乎是一半一半，一半去了香港，而另一半留下来加入蛇口工业区。

二

讲中国的改革开放，必然要讲到经济特区，讲到深圳；而讲深圳的改革开放，必然要讲到蛇口。蛇口工业区的建立，比深圳经济特区还要早上一年多的光景。经济特区最早的名字不叫经济特区，叫出口加工区，而最早的出口加工区就是蛇口。正是从蛇口工业区开始，香港招商局开始了新一轮的原始积累，并以日新月异的变化，朝着甚至是越过袁庚当年许诺的前景发展。1978年，袁庚接手的招商局只有一亿元出头的资产。1993年3月，袁庚从招商局集团常务副董事长岗位上离休。在他执掌招商局的15年里，招商局资产从1.3亿元增至200多亿元人民币，增长近200倍。到了2016年袁庚逝世那一年，招商局集团实现营业收入5053亿元，利润总额1112.8亿元，管理总资产近7万亿元。让招商局这样一家历史悠久的百年企业重新焕发出了生机，这就是奇迹。而就是从蛇口工业区出发，走出了像招商银行、平安保险、中集集团等世界级的企业，并极大地改变了深圳企业在全球500强中的版图。深圳奇迹最先也最直接的体现就是蛇口奇迹。

深圳奇迹、蛇口奇迹的产生无疑得益于改革开放，而讲改革开放的故事总少不了一个源头，这就是蛇口的开山炮。当年，为了建蛇口港，必须打通海岸与腹地之间的联系，而要炸开的就是微波山和大南山之间的山隘。微波山的得名，就来自香港与蛇口之间建立的通信联系。让没有联系的联系上，让阻碍联系的统统消失，这就是改革开放的“三通一平”。到了后来蛇口的“设计互联”，则已是以创意设计把世界连为一体了，蛇口的使命不仅仅在于建立招商局的出口加工区，还在于为深圳、为中国的改革开放探路。如果说深圳是中国改革开放的排头兵的话，那具体到蛇口，可以说是中国改革开放的试管婴儿，从这里出发，允许试错，努力尝试各种可能性，然后找寻到最合理的路径。蛇口有座高大的雕塑，叫《女娲补天》，是北京雕塑家傅天仇先生的作品，是在香港艺术博览会上被相中而带入蛇口的。雕塑中的女娲是神像，上身是人，下身是蛇，被誉为英雄和蛇的复合体。如果作一番解读的话，蛇身正好对应蛇口的蛇形，而女娲补天则意味着蛇口在担当着为民族补天的使命。小小的蛇口因此被带入了天大的棋局与天大的使命中。也许正因为蛇口如此被赋予了意义，几乎没人想着要给蛇口改个名字。当年也有说把蛇口改叫“社口”之类的，但迅即被否定，觉得还是叫蛇口好。

而讲到蛇口改革，得讲到两个故事：“三只鸡”与“四分钱”。当年有人认为养三只鸡是社会主义，而养五只鸡是资本主义，如此荒唐的故事竟然在当年的深圳、当年的中国发生，足见一个时代的荒谬。贫穷不是社会主义，四只鸡、五只鸡当然更不是资本主义。富裕而文明的中国，才是这个民族的集体期待。而要说到“四分钱”，当年蛇口工业区要炸山填海，讲的就是一个“快”字。就像邓小平同志1992年1月23日从蛇口上船去珠海，临出发说的那句话，“你们要搞快一点”。蛇口，自从开山炮炸响，就是一路“快”跑的。如何快？首先必须加大奖励的力度。怎么办？从奖金的分配入手。运土的泥头车在完成基本定额后，每多拉一车土就奖励四分钱，结果每人每天从平均拉25车，一下达到平均拉75车，增加到三倍，效率大大提高了，蛇口的速度也一下子提升了起来。事实上，就是从这些改革措施出发，蛇口从打破铁饭碗到打破干部终身制……开始了不停步的改革与创新。这些都为蛇口的发展创造了极为有利的制度环境和制度支撑。

三

讲起蛇口的变化，袁庚有个著名的论断，“蛇口的发展是从人的观念转变和社会改革开始的”。尽管蛇口在体制机制改革上常常是喝头啖汤，做第一个吃螃蟹的人，但制度层次的变革还不是最根本性的。在袁庚看来，人的观念转变可能更为重要，有什么样的人才能做出什么样的事。正是从这一论断出发，蛇口实现了最伟大的变革，那就是观念变革。蛇口观念才真正把改革从经济层面、制度层面引入到文化层面、心理层面，并致力于塑造全新的蛇口人。蛇口人的“家族相似性”，从认同上讲，就是这种观念的相似性，从而造就出适应改革发展需要的崭新的群体。2010年，深圳经济特区建立30周年之际，由市委宣传部发起、媒体牵头的一项重要活动成功举办，那就是评选影响深圳的十大观念。众所周知，在深圳改革创新实践中，曾经产生了一系列影响深圳、影响全国的观念，这些观念真正体现出深圳对中国改革开放的深层次的影响。在这次评选中，“时间就是金钱，效率就是生命”被无可争议地列入十大观念，并且位列榜首。而这一观念就来自蛇口，是蛇口从观念和思想意义上对深圳也是对中国的贡献，并且得到了邓小平同志的肯定。直到今天，这句口号还维系着经济特区人的文化自信。

这句口号实际上来自袁庚在香港上的一堂课。当年招商局在香港购买一栋大楼，须交付首期款。已是周五的下午了，本以为等到下班前办完就足以完成任务了，但港方代表的汽车不熄火，等着拿到这笔钱，然后匆匆赶往银行存储。为什么呢？加上两天的周末，这笔款项差不多会带来3万元的利息。那一瞬间，袁庚明白了时间的重要，一分一秒都是价值，都是钱。于是，“时间就是金钱，效率就是生命”的口号在袁庚头脑中应运而生。其实，起初还有几句话是连着的，即“事事有人管，人人有事管；安全就是法律，顾客就是上帝”，但因为各种原因，最后就固化为“时间就是金钱，效率就是生命”这么两句，并且一直流传开来。这两句话从产生伊始就有争议，把时间和效率上升到讲钱讲命的份上，会不会有点三观不正？但从现代化来讲，要的就是效率，避不开的就是利益。利益的驱动和效率的意义，对于当年追赶世界的民族来说，恰恰是刻不容缓。为这一观念作辩护的人，当然也找到了中国传统文化的依据，如中国古人讲“一寸光阴一寸金，寸金难买寸光阴”，就是把时间与金钱等量齐观，敢于把金钱视为一种重要的价值标准。

这两句口号无疑是思想上、观念上的巨大突破，所以才有人把“时间就是金钱，效率就是生命”视为思想解放的一声春雷，而其引起的震动也极为巨大。这就要说到“蛇口风波”了。当年，李燕杰、曲啸等人在蛇口讲课，与蛇口青年产生了较为激烈的思想碰撞。本来安排的报告会变成了座谈会，就引起了青年导师们的不满，而蛇口青年似乎固执己见的对话更是让青年导师们从内心产生怨气。讲观念交锋，其实说到底还是金钱价值观的问题。特别是提到“淘金者”这个词，有蛇口青年认为，我们就是淘金者，淘金有什么不好，有了钱就可以改善生活，改变未来。而青年导师们则认为，不能当淘金者，不能钻进钱眼里，要有远大的理想。从今天来看，如果不是有强烈的利益冲动，一个在贫穷中待久了的民族，又如何能焕发出惊天的活力与动力呢？没有经济的保障，想追求幸福生活恐怕也是空谈。当“时间就是金钱，效率就是生命”的口号闪亮地出现在国庆35周年的游行方阵里，这句蛇口观念算是为现代化开了通行证，并传遍了全国。

要说的是，还有一句口号叫“空谈误国，实干兴邦”。这句话不一定是蛇口人最先说出来，但至少固化为蛇口人的口号了。1992年，当一些人还沉浸在姓“社”还是姓“资”的讨论中的时候，蛇口人坚持自己的务实精神，把“空谈误国，实干兴邦”这两句话作为巨大的标语牌竖立在蛇口显著位置，昭示着蛇口人的坚定态度，不作玄虚之论，只求务实之举。习近平总书记在多个重要场合，都强调“空谈误国，实干兴邦”。民族的复兴不是靠敲锣打鼓就能实现的，而是靠扎扎实实干出来的。今天讲反对官僚主义、形式主义，落实到一句话上来，就是“空谈误国，实干兴邦”。这两句话不仅在当年，就是在今天也同样振聋发聩。讲一千句口号，不如干一件实事。中国式现代化需要的就是勤劳和奋斗。

四

讲蛇口，就一定要讲袁庚，袁庚被称为“蛇口之父”。2016年1月31日袁庚逝世之后，四面八方围拢来的蛇口人，在时间广场点着烛光来怀念他，由此就可以知道他在蛇口人心目中的地位。当袁庚在危难之际出任香港招商局的常务副董事长并主持招商局工作的时候，他就选择蛇口作为整个事业的突破口。当他卷起裤脚走在南头半岛荒芜的海滩边，寻找招商局后方基地的时候，历史似乎就注定了，他选择了蛇口，而蛇口也选择了他，这是真正的相互成全。人人都可能有大起大落的人生，但恐怕少有像袁庚这样富有传奇色彩。

说起来别人可能不信，他出生在深圳东边的大鹏半岛南端的大鹏镇，而他事业的巅峰又实现在深圳西边的南头半岛的南端蛇口片区。看似是从东到西的转移，但其间差不多跨越了百年风云。可能很多人不知道，袁庚原先的名字叫“欧阳汝山”，上学还用过“欧阳珊”的名字，属于欧阳家族。为什么又叫袁庚呢？袁是他母亲的姓，而庚当初是“更”，变更的意思，写得潦草一不小心就变成了庚，索性将错就错成了袁庚。而为什么更改名字呢？就是因为当年要参加革命，怕连累了家里人才改名隐姓。距东纵成立已经80多年了，可能谁也想不到改革开放之初，同样起于深圳这片土地，当年的东纵司令曾生会成为交通部的副部长、部长，而当年他手下的外联部部长会成为交通部所属的香港招商局的常务副董事长，而董事长就是曾生。更想不到的是，紧挨着蛇口的是大铲岛，1949年解放大铲岛的炮兵团团长就是袁庚。当袁庚以常务副董事长的身份拜访蛇口原居民的时候，当地的一位村民一眼就认出了当年的团长，原来就是他摇着船送袁庚团长上的岛。当然，这个船老大可能做梦也想不到，就是这个团长，在执掌百年招商局的时候，已经62岁了。就是这样一个在含饴弄孙年龄的老人，愣是创造了中国改革开放年代的巅峰人生。战争年代东纵的浴血奋斗是杀开一条血路，而到了和平年代，改革同样是杀开一条血路。“妹妹你大胆地往前走”，这句电影《红高粱》的台词一度也成为蛇口人往前冲的口号。如果讲袁庚的勇气，烽火岁月的磨砺必不可少，经历过死亡考验的人才有这种勇敢。而如果讲袁庚的智慧，见过了外面世界，他才会大胆地推动蛇口大门的打开，大胆地推动蛇口与香港的直航，大胆地将蛇口与世界更紧地联系在一起。袁庚是个老兵，而蛇口写就了老兵新传，写就了穿越革命、穿越改革的人生传奇。

如今，招商蛇口在新的改造之后已是焕然一新。著名的海上世界艺术中心，几乎是把它每一个侧面都迎向海洋。而邓小平题写“海上世界”的明华轮似乎再度出发，再度成为蛇口的地标。百年招商局以港兴城、以港兴业，而“前港—中区—后城”似乎成为海上丝绸之路上广受欢迎的一种开发与开放的模式。蛇口不小，出没其间的招商局就是举足轻重的豪华巨轮。而到了21世纪第二个十年，蛇口工业区已然迈入前海蛇口自贸片区的新时代了。

在沙头角看见未来

没来深圳之前，对沙头角是陌生的。身处内陆，第一，见到海很难，第二，跟海洋地理相关的词是陌生的，比如尖沙咀什么的，总觉得应该很偏僻，很天涯海角。另外就是觉得还没怎么开化，在汉语的语汇里觉得很陌生、很荒蛮。比如还有什么沙头、沙尾、上沙、下沙，听起来都觉得有点吓人。

然而真的到了沙头角，再联系百年甚至千年历史才发现，沙头角一样地成为这个民族文化重要的组成部分。

一

沙头角的名字明显有点儿土气，但如果听到如此诗意的话，恐怕又觉得文气了——“日出沙头，月悬海角”，合起来就叫“沙头角”了。据说当时的县太爷登上山顶，看到日月同在天空的景象，感慨系之。而现在据说也有人看得到的，那实属难得。

当然还有个说法，沙头即沙滩边上；角，即海的岬角，沙滩和海角，共同组成这样一个独特的空间。再从大鹏湾的地理看，大鹏湾岸线曲折，岬角与小海湾相间，因此，多这样的海角也就不奇怪了。大鹏湾的地质都是花岗岩性质，况且基本没有什么大的河流从此入海，所以与深圳西部的淤泥和滩涂比，深圳东部要么是峭拔的岩壁，要么是细软的沙滩。像沙头角的沙栏吓村，沙栏大概有点像沙坝，沙坝旁边的村庄就叫沙栏吓了。这个“吓”字是客家话，比如龙华就有鹅地吓，问了当地人，好像没什么具体意思。

据说这支客家族群最早来自陕西，而这个“吓”就是陕西方言中的语气词，或者就是“下面”的“下”的意思。那鹅地吓村就可以说是地下走着鹅的村子，而沙栏吓就是沙栏下的村子。估存一论。

讲沙头角的历史可能会觉得很短，没什么值得说起的，这是个误解。考古工作者在沙头角发掘出的文物，包括白陶、彩陶等，把这块土地的历史推到6000年前。

如果再联系大鹏湾的历史，在当初大鹏镇咸头岭发掘的文物，则已经把这一地区的历史推到7000多年前了。

这些考古发掘的意义在于，我们从中学课本所了解到的仰韶文化，即半坡氏族公社，与沙头角、咸头岭文化基本是同一时期；而与仰韶文化、龙山文化等内陆文化有所不同的是，深圳这一发掘的文化主要是海洋文化，同时还都属于沙丘遗址，发掘难度大，技术要求高，更是其特别之处。客家人移民到广东、到深圳后发现，土地平沃之处基本归本地人所占有，而海边则归福佬系，包括疍家人。客家人基本就在山地，而生活在沙头角的居民却以客家人为主，像这类滨海的客家人在此前倒并不多见。

二

讲沙头角，必须讲到中英街。中英街，顾名思义是中英两国分治的街，只是到了1997年香港回归祖国，中英街才变成“一国（街）两制”。曾经有人建议1997年后中英街改名，但更多人认为，用中英街的名字更能保持一种记忆，哪怕是一种屈辱的记忆，也足以警醒后人。实际上，中英街就曾经借鉴沈阳“九·一八”历史博物馆的做法，设立了“三一八”警示日，而警钟就设在中英街一号界碑旁。为什么要选择“三一八”？这就得说到中英街的由来了。

近代中国积贫积弱，列强环伺和入侵，使人民遭涂炭、土地遭强占。1840年鸦片战争后中英签订《南京条约》，港岛被割占。第二次鸦片战争后，中英签订《北京条约》，九龙被割占。但英帝国主义并不就此罢休，反而得寸进尺，于1898年逼迫清政府签订《展拓香港界址专条》，强租了新界。1899年3月18日，新界勘界结束。新界隶属新安县，面积大约相当于新安县的2/3，深圳河就成了新安和新界的界河。而沙头角在这次拓界中也一分为二，大部分成了英界，小部分留作华界。沙头角当年号称三乡七村，有六村就划到了新界。而所谓中英街，当初不过是一条干涸的河床，结果被作为沙头角地区英界和华界的分界线，并在此竖立界碑。界碑共有一到八号，后被国家文物局认定为国家级文物保护单位，成为深圳市继大鹏所城之后的第二处国保单位。

随着沙头角华界和英界边境贸易的逐步发达，在干涸的河床两侧陆续新建起各种商户，销售的商品中，有当地的土特产，也有舶来品。

原本中英街两地居民是可以自由往来的，到了1949年以后，随着打击走私等活动的需要，两边来往开始受到限制。

而更重要的是，中英街也成为资本主义和社会主义斗争的前沿，打击渗透、围堵特务也成为常常发生的事情。更有史上罕见的景象，两边的亲人彼此思念，约定日子隔着河喊话，被称为“喊会”。当然，也有另外一种情况，隔着河对唱客家山歌，那已是沙头角被一分为二之后的民俗了。

讲中英街，就得讲到沙栏吓村。

当年拓界，沙栏吓是少数留在中方这边的村落。沙栏吓既经历了内陆与海洋文明的交融，也经历了东方与西方文化的交汇。沙栏吓村以吴姓宗族为主，当年吴姓一族在海禁复界之后率族人从博罗来此，不复出焉。出于海防需要，为避免反清复明势力的登陆，清代一度实行迁海和复界，其间百姓的血泪与辛劳，自是深重。

博罗以客家人为主，追其根源来自粤东和闽北，而再追溯，可追溯到江西、陕西。客家人一路迁徙，不断南下。

客家文化主要以农耕文明为主，所以沙栏吓村有吴氏宗祠和伯公庙，顽强地维护着两个联系，一个是与祖宗的联系，一个是与土地的联系。

但同时，吴氏族人还建立了天后宫，这是海洋的神，傍海而居的沙栏吓人也就此实现了信仰的融合，既祈求大地风调雨顺，也祈求海洋风平浪静。

而讲到东西文化融合，拓界以后洋货已经成为沙栏吓村民生活的重要组成部分。当年，从粉岭有铁轨延伸到沙头角，“火车一响，黄金万两”，沙头角也迈入了现代文明，有了电报局，有了洋火和洋烟。

三

沙头角有两处国家级的文化遗产，一个是物质的，即中英街的界碑，一个是非物质的，这就是沙头角的鱼灯舞。

沙头角鱼灯舞曾经走向香港，走向广东，走向全国的舞台，斩获了无数的奖项，成为沙头角的一张文化名片。

那么，什么是鱼灯舞呢？不妨先看看辛弃疾的词《青玉案·元夕》。这首词是写元宵灯会的欢乐场景的，“东风夜放花千树”，宝马雕车到处都是，而穿插其间的少不了明暗之间的情侣。其中还写道“凤箫声动，玉壶光转，一夜鱼龙舞”，有音乐“凤箫”，有舞蹈“鱼龙舞”。彩灯扎成的鱼和龙，有人摆动着，像飞舞起来，这大约就是鱼龙舞，也就是鱼灯舞的样子了。

据说鱼灯舞的最高境界是鱼人合一，只有鱼在飞舞、在流转，而人已完全融化为鱼了。

当然，沙头角的鱼灯舞也有诸多自身的特色，首先它有自己的音乐，而这个音乐已经融入粤曲的因素，也不会因为偏于一隅而“呕哑嘲哳难为听”了。但遗憾的是，其间的曲子也渐渐失传了。

而从鱼灯舞的内容来看，它更像一场舞台剧。剧的情节分三段：第一段，欢快的鱼群自由地遨游在大海中，幸福自在；第二段，鱼霸出场，无恶不作，欺小凌弱，大海沉入至暗时刻；第三段，鱼群联合起来打败鱼霸，大海又恢复了和平。

当然，类似这样的叙事结构，在很多舞台剧中都有体现，内容可能是渔民生活，可能是政治斗争，也可能是江湖恩怨。但说到底，沙头角的鱼灯舞还是以渔民生活为基本主题，祈求海上风平浪静。只是到后来，鱼与余谐音，更是使鱼灯舞加入了祈求丰收和富裕的美好愿望了。

要说到一个人，这就是中英街历史博物馆的原馆长孙霄。

孙霄是深圳著名的文博学者，关于中英街的历史谱系和知识建构，孙霄功不可没。当年他写《中英街的形成与变迁》一书，邀我作序，真是勉为其难。而讲沙头角的历史，讲中英街的故事，他可以当老师。这个来自西北的汉子，置秦皇汉武的历史于不顾，一头扎进大鹏湾畔这个小镇的历史而不能自拔。

记得当时我在序中说，通过孙霄的挖掘和整理，中英街“小街牵动着大历史，其深层的内涵已经使它与中国任何一条街道相区别”。而讲孙霄，是想说到一个巨大的学术假设。孙霄在半坡遗址工作过，半坡遗址有著名的人面鱼纹彩陶，而半坡人的鱼图腾崇拜会不会通过客家人的迁徙，将这一文化基因传承到鱼灯舞上来呢？或者说，鱼灯舞的鱼图腾崇拜是不是像生殖崇拜一样，成为这个民族共同的原始情结呢？

据说对这一假设进行研究的还不止孙霄，很多人都想对此进行考辨，真希望能有更扎实的论据和更充分的理由来作支撑。

四

说沙头角，就要说到东和墟。

实际上，在中英街成为集市之前，是东和墟存在和发展着。东和墟如今已经彻底消失了，说是在1937年的一场大台风中被夷为平地。那么关于东和墟的记忆又是从何而来呢？这就要说到一本书，这就是《1853年的东和墟》。

这本书的作者是瑞士传教士韦永福，是他在这本书中图文并茂地记录了东和墟。与韦永福前后脚来到沙头角的，还有韩山明和黎力基两位牧师，他们都属于瑞士的巴色传道会。

沙头角是外国人首次登陆深圳传教的地方，而当时大鹏湾一带海盗盛行，这些传教士会碰到被海盗洗劫一空的时候，只是留下性命。

韦永福最早记录了这个偏远的东方渔村的生活，而他的书详细地描画了东和墟这个后来消失的集市，包括他的房屋结构、店铺招牌、行业分布以及其间的学校等。

笔者跟当地决策层沟通过，能否依照这本书的忠实记录去重建这个墟市呢？然后在这个重建的墟市里，要建一个咖啡馆，名字就叫“1853”，也许会是很有趣的事。

为什么要有重建的冲动呢？

就是因为历史上深圳有过四个著名的墟市：东和墟、深圳墟、观澜墟、清平墟，后面三个墟市都留下了一些历史印记，而且都被改建或重建，唯独东和墟寂寂无闻地消失在历史深处，这似乎不太公平。

当然，东和墟还没有建立的时候，离它最近的深圳墟就已经存在了。当年沙头角的人居住在偏僻的海角，需要翻山越岭才能抵达位于罗湖东门的墟市。梧桐山上曾经有“盐田径”，就是沙头角人赶集走出来的，早些年还能发现一些历史遗迹。后来沙头角地区“十约”（大约相当于十组村落）长老建立了商会，即墟市联盟，并经过议定，共同出资兴建了东和墟，以方便沙头角地区居民的生产和生活。而其名字“东和”就是“东方和平”的意思，是希望深圳东部的沙头角和平，还是希望在鸦片战争之后东方能够获得和平，恐怕两者兼而有之。

值得关注的是，东和这个名字，不仅命名了集市，还命名了学校，就在这个集市后面有一个东和学校，为附近的孩子们上学提供便利。客家人尊文重教，即使是在集市谈买卖做生意，也不能耽误了教育，而且学校的建设和开办费用就是从集市的收入中开支，这样也确保了学校的可持续发展。

1937年的那场台风之后，东和墟消失在历史深处，而同样是沙头角，在英界的沙头角墟却蓬蓬勃勃地发展起来，于是附近的人都去赶沙头角墟的集市了。

东和墟虽然不存在了，但东和的名字却还保存着，连沙头角镇也一度被称为东和镇，隶属于惠阳地区。直到后来，东和镇又被更名为沙头角镇，而东和学校又被更名为沙头角小学，“东和”的名字算是真正地被遗忘了。

五

沙头角对于今天的深圳人来说，记忆恐怕不会走那么远，最深的印象还是改革开放以来去沙头角、去中英街购物。那时候用单位的户口本，加上身份证就可以去中英街走一趟。当时去香港还没那么便利，去中英街就仿佛去了香港一样有新鲜感。去的频次太高了，以致户口本老是在外漂着，要找得到还真不容易。

而内地来的游客去中英街买长筒丝袜，买饼干，买小型电器，甚至到后来买金银首饰，便是对自己和对亲朋好友的交代了。据统计，当年去沙头角购物的，日高峰期能达到七八万人。

正是从这些花花绿绿的商品中，打开国门的中国人才遇见了所谓世界，才遇见了所谓现代。而最夸张的说法是，中英街的进口水果好吃又便宜，但只能在那里吃，不能带出来，能吃多少就看各自的本事了。

过去，去香港一趟不容易，记得早期地王大厦上还有可以远眺香港的旅游项目，再有就要算去中英街了。

而随着1997年香港回归祖国，香港真的就一步跨过去了，中英街也就逐渐衰落了。记得当时有个比喻，说沙头角是看香港的一扇窗户，1997年后深港的大门都打开了，可以自由行了，窗户自然也废弃了。

当然，衰落的原因有很多，其中一条是假货的盛行，这使得中英街的商业价值大打折扣，去购物的人也日渐稀少了，再加上出入的不便，即使不购物去走走的想法也被暂时放下了。于是，如何让百年老街重振雄风，成了大家共同关注的话题。

而这个话题不仅仅是深圳这边，在香港那边也同样被关注着。到了2022年，香港隆重推出北部都会区规划，两城三圈的构想从地理与商业上，更是推动了深圳与香港的合作发展。而香港对深圳的主动拥抱，肯定离不开深港共有的大鹏湾，当然也离不开沙头角这片独特的土地。

香港特区政府推出沙头角旅游计划，作为开发和开放沙头角的重要举措，在港人中引起了不小的反响。

无独有偶，深圳方面也在积极推动深港双边的合作，一个庞大的沙头角深港国际消费合作区计划也在积极地酝酿中。

希望彼此的看见，彼此的拥抱，能使沙头角重新焕发出光彩来。

沙头角本来就是一个整体，因此也会走出历史的烟云，亲密无间。

白石洲往事

白石洲对于闯荡深圳的人来说，恐怕是一种集体记忆。曾经寄居在这里的人不用说，即使没在这儿生活过的人也会路过，也会听说这样一个深圳最大的城中村。即使到了今天，白石洲已全面进入改造，但还依然会作为一个符号被人提起。它似乎被指认为深圳，指认为一种生活方式，指认为无法被忘却的城市记忆。

一

说起白石洲，还是得先说说它大致的地理与历史。白石洲位于南山，不妨用一条河一条路来作个简单的定位。一条河是大沙河，隔着大沙河，一边是白石洲，另一边则是著名的粤海街道。而一条路则是深南大道，白石洲就这么横跨深南路的南北。由河说到海，白石洲靠近深南路南侧就是深圳湾了。

再说回到白石洲。白石洲常常被称作沙河五村，即上白石村、下白石村、白石洲村、新塘村、沙塘村。说白石洲人的来历，恐怕得说到清代的海禁政策。迁海令使大量的沿海地区一夜之间变得荒无人烟，而海禁政策解除以后，又需要大量人口从内地迁入。白石洲村的历史大体就是客家人移民的历史，往往是整个家族从粤北、粤东、闽西往此迁徙。进入20世纪以来，有三件事值得一提。一是抗战时期，白石洲成为东江纵队的重要联络点，而不远的大冲则是国民党军队的联络点。当年白石洲能被划为革命老区，就是因为当地村民池天财等加入东纵，英勇杀敌，并在战场上光荣牺牲。我们都知道白石龙被称为“小延安”，并在参与中国文化名人大营救中有光荣的历史，殊不知白石洲同样与东纵往事有关。二是中华人民共和国成立以后，一批华侨返回祖国，当时组建的沙河国营农场就成为重要的安置地。时值深圳修建铁岗水库，石岩塘头村集体移民至白石洲，正好也解了国营农场劳动力短缺之需。三是改革开放和经济特区的建立，白石洲也迎来了革命性的变化。荒村变成了热土，万千移民向这块土地汇聚，并彻底改变了这片土地的命运。作为城中村的白石洲，就这么被定格在深圳现代化的历史中，而到了白石洲的大规模旧改，它又有望成为大都市的形象代表。

二

还是想再说说白石洲的名字。没有做过地质学的研究，至少不止一个地方，在当年荒僻的岭南，用“白石”来为一个地方命名。就说晚唐诗人李商隐，在政治旋涡中无法安身，就随好朋友郑亚远赴桂林，在其府中当个幕僚。虽然也就待了一年多时间，但李商隐至少过得逍遥自在了些，时间不长，又没有刻骨的思乡之情来折磨内心，于是笔下的诗作就多了祥和和瑞气。像他这首写桂林的诗可为代表，“城窄山将压，江宽地共浮。东南通绝域，西北有高楼。神护青枫岸，龙移白石湫。殊乡竟何祷，箫鼓不曾休”。他写桂林不仅景色美，而且风水好，特别是“神护青枫岸，龙移白石湫”，感觉是神灵在护佑着这方土地，连见首不见尾的神龙也向这里游弋。

我曾经跟白石洲改造项目的负责人开玩笑说，把诗中的“白石湫”改成“白石洲”吧，而未来的白石洲将更加美好，就用这两句诗加持一把，“神护青枫岸，龙移白石洲”。其实白石洲与白石湫还真有联系，湫是指很深的水塘，而洲就指河流周围平阔的田地。白石似乎都离不开水，离不开大水和深水。当年水势浩大的大沙河的东岸就是白石洲，能称得上大沙河的可不会是一般的水势。是水的冲击洗白了石头？有可能，但也有反例，如不远的白石龙，也有白石，而那块白石据说是水晶石，后来被盗卖，已全然不见影子了。白石洲的白石早期还忽隐忽现，据说在深圳大学与世界之窗之间就时有发现。但这些年山被炸平，河道被改造，也很难见到山上和水中的白石了。

身处岭南的宝安也好，白石洲也好，在悠久的历史中基本上都属于寂寂无闻，而当年的白石洲，无论怎样也说不上风雅，可偏偏就有这样一个听起来较为风雅的名字，“白石”在古典汉语中一直就带着一股仙气。深圳有地方叫“泥岗”的，有地方叫“鸭屎围”的，忽然冒出一个“观澜”这样雅致得不能再雅致的名字，大约是当年并不多见的秀才们干的。想想姜白石，想想齐白石，于诗于画，那都是一等一的大家。当然，也许名字有暗示的意味，当年“白石”所承载的诗意，也许正暗合着今天白石洲的富足与兴旺。白石洲被河流环绕，而它近处的大冲实际上本名叫大涌，很多内地来的人容易念大涌（yǒng），而实际上应该念大“冲”（chōng），意思是河流入海的地方。这方土地处在河海交汇处，注定会成为文明的应许之地，而白石所寓意的美好，恐怕是韦应物诗中讲的“涧底束荆薪，归来煮白石”的清贫道士所不可比拟的。

三

要了解城中村白石洲，必须得讲到一个人，那就是陈楚生。陈楚生是海南人，现在在香港，但大家还是愿意给他贴上深圳的标签，不仅仅因为深圳有他的青春记忆，有他传唱的歌曲，更重要的是，似乎是他唱出一个城市的灵魂。所以，陈楚生被人们从心底里认定为深圳的代言人，至少是深圳记忆的代言人。

讲深圳，都知道一首歌《春天的故事》，这首歌讲述了一位老人与一座城市的关系，这就是春天的故事，“1979年，那是一个春天，有一位老人在中国的南海边画了一个圈，神话般地崛起座座城，奇迹般地聚起座座金山”。而另外一首歌也同样被人熟知，讲的是一个年轻人和一座城市的关系，这就是《有没有人告诉你》。一个圈崛起了一座城，而一个年轻人已开始入城，并开启了新的人生，“当火车开入这座陌生的城市，那是从来就没有见过的霓虹”。就是在这样一个“看不见雪的冬天不夜的城市”，“我听见有人欢呼有人在哭泣”，“早习惯穿梭充满诱惑的黑夜，但却无法忘记你的脸”。当陈楚生唱“有没有人曾告诉你我很爱你”的时候，我们也许并不知道这个“你”到底是谁，而如今，陈楚生却成了被这座城市所爱的“你”了，或者说，深圳成了陈楚生很爱的“你”了。他虽然已不在这座城市生活，但他一再坦言，每年冬天他都要像候鸟一样回到深圳。深圳已经和海南一样成为他的故乡了。

如果说起陈楚生的深圳，哪儿是他落脚的地方呢？那肯定是白石洲。就是在白石洲，陈楚生有过他的爱情，有过他的弹唱，有过他最爱吃的麻辣烫。要知道陈楚生的白石洲故事，其实很简单，就听他的歌《白石洲》。这是年轻的陈楚生的怀旧的歌，在歌里甚至可以找到他在白石洲住过的地方，“塘头一坊12栋308房”。他在歌里说，“如果你路过308的时候，也许会听到我在唱”。那陈楚生在白石洲的生活又是怎样的呢？他同样用歌声来讲述如烟往事，“那时日子很难，梦很多，行李简单”，“楼下的房东太太常常催单”。而他生活的场景就是，“那里的街道很乱，夜晚却总不散场。那里的人很亲近，楼与楼的距离只是缝隙”。虽然过的是清贫的日子，老是交不上房租，但不缺少自由，不缺少梦想，不缺少放飞自己的夜晚，这恐怕是陈楚生最眷恋的了。如今有没有人还记得陈楚生的歌声曾经穿过那些混乱的街道呢？改造之后的白石洲肯定找不回原来的影子，但陈楚生用自己的歌留住了它。他就这样被选定为白石洲的代言人。

四

白石洲这个当年深圳最大的城中村，如果说多的话，有两样东西多，楼多、人多。楼多，是说楼与楼之间的距离几乎没有超过两米的，所谓“握手楼”，是白石洲最常见的景观，而握手楼与握手楼之间已经谈不上距离，最多是仅可透出光亮的缝隙。而讲人多，就在这些握手楼中，差不多就住着18万人之多。楼的密度取决于人的密度，而人的密度又取决于财富的密度。对于本地的原居民来说，无论是当年国有农场的身份，无论是曾经靠河靠海的耕种，其实都比不上一项收入，那就是出租房屋。种地比不上种楼，几乎每家每户都在盖楼，七八层高，楼上租给外地来打工的人，而一楼住的往往是房东。白石洲如此之高的楼房密度说来有几条原因：一是离科技园近，很多在此打工的人就近选择住的地方；二是在城市中心，抵达方便，而地铁白石洲站恐怕也是上下乘客最多的站点了；三是房价便宜，一间30平米的屋子往往一个月只需要300元，一个三居室和四居室的屋子，可以被分割为好几档生活空间，十多个人愣是挤在一个屋檐下。对于很多闯深圳的人来说，白石洲这样的城中村才是理想的栖息地，因为生活成本低。有的是生活没有着落，只能住最便宜的地方；有的是尽管兜里有钱，但钱是寄回老家的，花得越少越好。

与大冲相比，住在白石洲的人从事的职业可能更多样，也更复杂。大冲住客基本上以高科技企业的员工为主，而住在白石洲的人除了搞科技的，还有驻唱酒吧的歌手，弄花艺的、卖菜的、写小说的，不一而足。白石洲注定是个包容性强的村落，当年有国营农场的职工，也有因建水库而被迁移至此的外乡人，还有本地的居民。就从方言上讲，本地人讲的是客家话，却都带着浓厚的广府话的音调。正是四方杂处造就了白石洲无可比拟的多样性，来源的多样性、行业的多样性、性格的多样性，而彼此又共生共荣。

白石洲正是这样一个移民社会的缩影，但它与园岭这样的移民社会不同，园岭很快成为家园，成为早一批移民落地生根的栖息地，而白石洲的流动性与多样性，使它更像闯深圳的人的码头。许许多多相近而不相识的人汇聚于此，他们可能并不在此生根，因为前方还会有下一站，分分钟还会打起背包上路。有北漂，讲的是在北京闯荡的人，也有深漂，深圳也聚集着千千万万闯荡的人，他们除了梦想，几乎一无所有。记得哈尔滨开发的早期，很多闯关东的人密集地住在道外，而白石洲就仿佛这样的道外，住在混乱而密集的空间中，却又觉得世界很辽阔。想起辛弃疾曾经写过的一首词，说自己独宿在一个破败的庵里，“绕床饥鼠，蝙蝠翻灯舞”，而破纸窗间飘过的是“风吹急雨”。但就在这样的秋夜醒来，辛弃疾觉得世界却依旧阔大，“布被秋宵梦觉，眼前万里江山”，所见所想一点儿也不小。

当然，白石洲再乱再拥挤，恐怕也比辛弃疾寄居的破庙要好，吃的喝的并不缺，陈楚生所怀念的白石洲的麻辣烫，就是这群闯荡者的最爱。而在当地村民看来，白石洲什么也不缺，“除了机场和殡仪馆之外，这里什么都有”。当然也包括文体生活，当年街头可见的台球桌就是一个景观。在西方，带点贵族色彩的斯诺克运动，被带到中国来，竟是在尘土飞扬的路边找到了停靠的地方，三五个年轻人在工余打上一通台球，也算是开心的时光了。

五

白石洲的改造从2019年就启动了，想要知道它的变化，看看不远处的大冲，就可以想象它未来的面貌了。城中村改造总是成为深圳这座城市的话题，城市需要空间，于是就得往高处走，找寻另外一种密度。但对旧改来说，心理的过程似乎比开发的过程延续得久。尽管城中村乱，甚至脏，但对闯荡者甚至漂泊者来说，却值得无限怀念，乱有乱的活力，以及“不干不净”的生命力。就像当年小说家缪永在《驶出欲望街》中写的：“那样的生活深深地浸泡过欲望，也深深地徜徉过自由。但从无序到有序，从任性到理性，是一个青山遮不住的过程，告别混乱的青春是注定的。需要告别，但同样需要回望。”虽然改造后已不见原来的街巷，但记忆如何安放？这倒是一个有良心的城市该做的事情。城中村改造又产生了多少个亿万富翁，似乎已不是新闻。楼肯定是在长高，财富肯定是在迅猛地汇聚，但找过去的影子又是必需的。有一款游戏叫《白石洲往事》似乎就戳中了很多人的心，那些纷乱的街道和同样纷乱的青春，就这样在这款游戏中奔涌。过去是回不去了，但这款游戏又仿佛让我们找到回去的路。白石洲的改造，文化关怀必不可少。听说每一栋旧楼在拆除之前都已经留下珍贵的影像，都可以被呈现，这本身就是功德无量的事。还有村头的古井，还有努力保存的大榕树，还有很多被收集起来的旧物件，这些都是在挽留过去，抢救记忆。我们一帮人曾经商量，要在改造过的白石洲建一个移民博物馆，保存那些闯世界的人在白石洲留下生活过的印记。说到要有一面照片墙，让那些曾经青春的面孔汇聚起来，汇聚成历史、汇聚成力量。而王京生先生当年写的《移民》，就是这样的景象，“移民汇聚，像小溪入海；移民汇聚，像春潮破冰”，移民们“近看是一个个或者热情，或者冷漠，或者彷徨，或者坚毅，或者精明，或者布满欲望的面孔，远看则是发育着的长满肌肉的大山”。如果在白石洲建一座移民博物馆的话，也许就应该有这样一幅浮雕，《移民》一文算是对这幅浮雕做出了生动的摹画。白石洲因此为一代移民作证，为一代移民代言。

此心安处是园岭

深圳靠海，山多，自古以来就是地理上较为偏远之地。虽然改革开放以来，深圳搬山填海，很多山地在浓浓的开山炮中已被夷为平地，比如填罗湖的山、填蛇口的山，早已消失不见了。但山作为记忆并没有就此消失，尤其是在罗湖、福田，生活的空间在一步步扩大，山也早已被移走，但地名还在。而正是这些地名，让我们记住了这里曾经是山地，比如园岭就是代表。

岭显然是高于平地的山地，虽然不是崇山峻岭，但岭也似乎刻意在平地之间显出高度来。总觉得这个岭有点类似于重庆人讲的坝，是山地，也是高地，还适合人居住。

据说当年跟园岭绵延排列的，还有白沙岭、通心岭，都是不算高的山地，算是梅山或者说梧桐山的余脉罢了。

一

讲园岭，对今天的深圳人来说，它唤起的也许不是对山岭的想象，而是对都市的向往。园岭如今就在市委的北边，紧挨着市委。完全无法想象，当年的白沙岭就是今天的华强北，而当年的园岭就是市委办公的地方。

记得市文化局曾经评选过改革开放十大建筑，市委大院就名列其中。这倒不是因为它是深圳的政治中枢，而是因为经济特区建立之初，市委办公大楼就是基建工程兵在深圳建的最早的一批建筑。直到今天，提起基建工程兵，都常常联系着建设市委大楼这样一段拓荒的岁月。

而正是依托着市委，一批早期的拓荒者在园岭建立了滩头阵地，也是最初的栖息地。据当年工程兵回忆，就在园岭高高低低的土地上，搭着工程兵最早的帐篷，因此他们才不会完全成为风餐露宿的一群人。而帐篷扎在相对平缓的地带，等到夏天的暴雨一过，帐篷里差不多全是水，几乎到了膝盖，而饭碗、脸盆，还有拖鞋，全都漂在了水上。至于蛇钻进帐篷，那更是常见的事。

但正因为建成了市委，建成了园岭小区，深圳作为市场经济的前沿地带，不仅有了市，也有了城，有了家。

二

从来源上讲，深圳的人群构成基本上包括两类人，一类是本地人，有称为原居民或“土著”，也有称为老宝安人的；还有一类人是外地人，被称为移民。但我还特别想提到一类人，他们虽然不是土生土长的本地人，但属于最早来深圳的一批外地人，对于后来的移民来说，他们几乎已经是本地人了，基本有家有房，是率先进入安居乐业状态的群体。

很想给这个独特的群体起个名字，叫什么呢？就叫改革开放原居民吧，意思是什么？对于改革开放之前的本地人来讲，他们是跟随改革开放的春风而来的外地人，但来到深圳的日子久了，也几乎成了原居民。他们把家和心都安在了远在南海之滨的这个异乡，而这个异乡也因此成了故乡。

为什么要讲到改革开放原居民呢？这就要提到园岭。园岭几乎是改革开放后深圳建设的最大的住宅区，而那些不远千里赶来深圳的、闯世界的人，早期往往寄居在亲戚或者朋友或者同学家里。而随着园岭住宅区的开发，这批人才算真正有了安身之所，包括那些调入深圳工作的公务员、大学毕业生，也是从园岭重新开始了自己的人生旅程。

这些早期来深圳闯荡的移民，闻改革开放之风而动，并且在园岭安身立命，实现了从移民到市民的身份转变。

如今，走入园岭的老住户家里，几乎都能找到改革开放之初的记忆，而他们也乐于把各自的深圳故事从园岭讲起。

三

从来没有像园岭这样，即使已经住进了新的家，风雨不动安如山，即使算是成功者，但对那些尚在路上的奋斗者，永远都是接纳的目光，都会回想起自己当年而有共情。这些改革开放原居民，和后他们而来的闯荡者、开拓者甚至是漂泊者中间，隔着的可能只是一个院墙。

园岭除了已经建成的遮风避雨的居民楼以外，早些年作为故事场景出现的，往往还有紧挨着它们的两个重要场所，一个是荔枝公园，一个是“大家乐”舞台，也就是当年的青少年活动中心。

在《深圳口述史》中，有不止一位口述人说到，曾经在荔枝公园的长椅上夜宿过。早期闯荡深圳的人，往往无依无靠，没亲人、没朋友，兜里也没钱。找工作无果之后，往往用最后的零钞买面包，而住就无钱可以支付了。好在深圳的天气大部分时间都不是很冷，于是就在城市中间的荔枝公园的长椅上凑合一晚。

虽然身体可以凑合在这长椅上，但内心却无躺平的意思。第二天，这个从躺椅上起身的年轻人便奔走在都市的高楼之间，找寻自己高飞的人生了。

即使短期内还无着落，就像当年记者所采访的那样，哪怕是睡在公园的长椅上，哪怕是睡五块钱一晚的地下旅馆，但还是坚持写日记，坚持给自己打气，坚持不让梦想凋零。

再要说的就是园岭居民楼边上的“大家乐”了。“大家乐”当年知名度极高，原本也是唱卡拉OK的意思，交点钱就可以唱唱歌。来唱歌的大都是打工的异乡人，在这样的夜晚，歌声可能是给自己最好的慰藉。与其说是唱给别人听，倒不如说是唱给自己听，既想沉湎于孤独，又想让孤独散去，这大约是这群人特有的内心体验了。

值得注意的是，围观的人却一律友善，“唱得好的给掌声，唱得不好的给笑声”。一个城市的包容最直接的体现就是对异乡人的态度，而这种接纳恐怕是深圳最让人觉得温暖的地方了。

据说，“来了就是深圳人”这句话，最初的感动就源于这样的体验。一个主要由异乡人组成的城市，对异乡人自是多了份温情，少了些冷漠。

四

时间到了20世纪90年代，当园岭的居民楼逐步落成，园岭也逐步过渡为安居乐业的社区概念了。工地的脚手架还隐约可见，工厂的灯火还依旧闪亮，但更多可见的是万家灯火与日常生活。从移民的奋斗转向市民生活，其实也就差不多在十年之间。

去找寻日常生活的意味，去发现文化被忽略的存在，这是园岭进入1990年代后期要做的事情。

再来要说的是靠近红岭路的三家文化单位，一个是市文化局所属的经济特区文化研究中心，一个是市文化局下属的考古所，还有一个是市规土委所属的雕塑院。

虽然都像是临时安置的地方，特别是简易的搭建，连车辆驶过去墙都像在摇晃。然而就是从这儿，深圳文化开始独特的启航，开始作千里之计。

一是经济特区文化研究中心成为深圳文化学者汇聚的重要空间。记得当年研究中心的一个文化沙龙，来自美国的学者马立安女士做了关于“移山填海”的文化研究报告，她要描述的既是大规模山的运动，更是大规模人的运动。据说她报告的内容就来自她的耶鲁大学的博士学位论文，后来还出了书。而她有影响力的著作是后来组织编写并被翻译成中文的《向深圳学习》。

来自域外的研究和肯定，使年轻的深圳更多了份文化自信。而就在这样简陋的研究空间里，当年市文化局副局长王京生的话言犹在耳，他说，经济特区文化研究中心要做中国的兰德。当时汇聚于研究中心的一帮博士、硕士们都受到很大的震动。直到后来，京生先生再次提出要构建深圳学派，更是从文化到学术提出更高远的梦想。当然，远的不说，在面向新世纪的文化擘画中，研究中心作为一支重要力量，提出了对深圳文化的诸多理念和规划，到今天也还有其意义所在。

当然，还要说到研究中心的隔壁人家——考古所。这个机构的设置，也刷新了外地人对深圳的历史想象，深圳也有童年，也有历史。它除了向前的开拓之外，还有向后的开掘，每一次的考古发现，都重新挪动着深圳的历史上限。

别看这小小的考古所，它的两次考古发现形成两大遗址，即屋背岭遗址和咸头岭遗址，都分别成为当年中国的年度十大考古发现，可见其历史价值。尤其是咸头岭遗址，考古发掘的陶器把深圳历史愣是拉到了7000年前，感觉考古所每一铲子下去，深圳的文化年轮就又多出了一圈。

五

特别想讲市雕塑院。当时一帮搞雕塑的人常常啸聚在园岭的八角亭，而八角亭的湖南菜馆芙蓉阁，则是他们“自嗨”的重要空间，高雅的艺术创意与重口味的湖南菜一起共舞。尤其是当时的院长孙振华博士，就爱在这儿请他的客户吃饭，价格虽然便宜，但义气一点也不少。看他意气风发的样子，觉得文化人不仅有热情、有办法，还挺会来事儿的。

芙蓉阁是生活的，园岭是生活的，而生活来生活去，孙博士带着他的雕塑院，愣是捣鼓出了一个非常有影响力的雕塑群——“深圳人的一天”。他是任意选择改革开放后深圳历史上的一天，这一天并没有什么惊天大事，该买菜的买菜，该遛狗的遛狗，该逛股市的逛股市。作为这一天的主人公，也都是雕塑家们一大早出门不经意碰上的人。如果碰上的是个骑自行车上班的人，就连自行车也一并买来做成模具。而晚上躺在公园长椅上闯深圳的小伙子，也一并成为被雕塑定格的人物。

这些人物都是匿名的，名不见经传，但都踏踏实实地在深圳生活过，成为所谓深圳人的代表。

孙博士的雕塑群一出现，当时就想与他沟通，因为当代文学也有一个新写实的流派，像代表人物刘震云，就喜欢写一地鸡毛的生活，而这些生活琐事都指向了一个更大群体的日常生活，指向一个更大的时代。

再想起来，就是黄仁宇写的《万历十五年》。这一年海内升平，没什么大事，而黄仁宇先生愣是以平凡的一年写出了不平凡的大明，写出一个王朝的兴衰和治乱。

园岭和“深圳人的一天”的雕塑群相逢，当然是偶然，但也是必然的。深圳固然是所谓奋斗者的疆场，但又何尝不是生活者的灶台、新移民的家园呢？要英雄人物的壮举，但又岂能忽略平凡而普通的深圳人呢？他们的存在让人们意识到深圳的烟火和踏实的大地。

六

讲园岭，要讲奋斗，也要讲奋斗是如何融入生活的。

白居易说，“无论海角与天涯，大抵心安即是家”，苏东坡以“试问岭南应不好”为引，来讲“此心安处是吾乡”。园岭成为家园，不仅仅是房子盖好了，人住进去了，还有一点，就是人的心安在这儿了。

虽然如今的园岭，房子显得旧了，老住宅区也有各种不便，但据说很多的园岭人，即那些改革开放初期的原居民都不愿意搬走。除了因为地方他们更熟悉、更适应外，还有一点，他们的心早就安在这儿了。

而讲到安心，不仅仅是厨房里升起的热气、窗户里透出的灯火，还有就是有书桌、有书店。书香让热闹的园岭变得有些安静，有些雅致，有些于无声处的温婉了。这从哪儿说起呢？得说到20世纪90年代，当时的深圳还没有什么像样的文化生活，那时候的罗湖书城还没建起来，还没有这样一座文化地标的存在。当时，据说好多人要找的书刊还得从北京、上海，从内地往这儿寄。

而就是在这种稀薄的文化空气中，园岭却有独善其美的劲头，为什么？就是因为园岭当时是重要的图书集散地，像读者长廊、求知书屋，还有市图书馆、八卦岭图书批发市场。要买书到园岭来，要读书到园岭来，这可以说是当时深圳读书人共同的选择。

今天我们看深圳已经书香满城了，而当年它是从园岭的书香起步的。卖书不挣钱，当大把的人在深圳怀着淘金梦，一心想做大买卖的时候，却有人并不嫌弃卖书那点微薄的利润，一门心思做好书店的营生。

不能不说，深圳人从一开始就有情怀，就有离不开的文化念想。当时园岭及其周边还有图书批发市场，那可是整个深圳唯一的一家图书专业市场。当时还有大量的专业书店，像法律书店、建筑书店等，就是在今天也不多见了。讲经济特区城市建设，讲深圳的市场经济发展，书店应该做出了巨大的智力支持，这份贡献不容小觑。

当然，讲到园岭，最值得自豪的是深圳图书馆，这是当年深圳知名的八大文化设施之一。当时市委、市政府作出的建设八大文化设施的决定是艰难的，也是有眼光的。经济特区建立之初，到处都等着花钱，可耗资巨大也要建文化设施，可见对文化情有独钟。当时的说法是，卖掉裤子也要办文化。经济特区的决策者们不仅没有忽略文化，而且想着办大文化、办好文化，决心不可谓不大，虽然话糙，但理不糙。

争议当然是有的。据说有人讲，天一热，深圳图书馆的人就很多，不是去读书，是去吹空调的，但回答也很有力，去图书馆找凉快也是好的，那也离书近。也正是离书近了，从图书馆，从园岭，一个城市的读书氛围开始蔚为大观，仿佛是从钱塘江水一举汇成了钱塘潮。

到了今天，原来深圳图书馆的场地给了深圳少儿图书馆，深圳的孩子们也拥有了更大的阅读的福利。

讲到书，当年的园岭还是深圳乃至中国重要的印刷基地，全国的印刷企业百强，深圳能占到1/3，名副其实是支柱。而当时园岭边上的八卦岭就是印刷产业的集聚地，八卦岭印刷的辉煌与今天的落寞构成了鲜明的对比，这也印证了产业结构转移的铁血逻辑。但无论如何，这里离书很近，这里印刷业曾经很发达，倒是不争的事实。

七

园岭这名字也许就暗示着一种平和与圆润，这里似乎并不刻意彰显它的雄强与巍峨，但又自有一份淡定与从容。

园岭的名字与园岭今天的生活，总觉得有一种暗合。虽然如今园岭的建筑显得旧了，但别忘了，这些居民楼在当年可是有点洋气，有点别具一格的风味。

与老旧的建筑风格不同，当年深圳要建庞大的居民小区，首先就去考察新加坡的建筑，然后请来新加坡著名的设计师进行设计。这些设计理念到今天都值得肯定。比如庭院式的构造，由一栋栋的居民楼环绕成一个又一个院子，呈现出围合式，很有中国特色的庭院之感，举办社区的公共活动特别能用得上。比如在二层设计的环绕一圈的通道，既把各栋楼连成一体，又能方便出行。

园岭的建筑本身在今天都已经有博物馆的价值了，尤其是改革开放之初，东西方文化影响到建筑和住宅，园岭就非常有代表性。其实在园岭建设社区博物馆就是一个不错的想法。市、区政协委员曾经走到现场共商博物馆的方案，与街道的主政者意见高度一致。园岭博物馆应该就是深圳改革开放的生活与民俗的精彩缩影。社区的居民都非常乐意参与其间，都想把自己当年留下的生活用品，还有日记、书信等，捐献出来，共同分享对改革开放的一份记忆、一份荣光。

记得有人说过，文化就在巷子里，而到了园岭就想说，文化就在院子里。那些院子有一代人奋斗的足迹，更有深二代浸润其间的欢乐岁月。如今，这些院子连同那些沿街的店铺，共同构成了园林的一道景观。一间间咖啡屋或私房菜，还有非遗的门店，都隐约地闪现其间，使园岭更显生活，更显安静，更有随处流淌的历史烟云了。

偌大的深圳在这里忽然就有了长青苔的地方，忽然就安静下来，忽然就有了喘口气、歇歇脚的意思了。

这是另外一个深圳，隐藏于生活的烟火中，也隐藏于并不久远的历史中。

光明农场的家国记忆

讲深圳的往事，少不了讲光明农场，没有光明农场的家国记忆，恐怕就没有光明这块土地与内地、与香港、与海外的割不断的牵连。光明农场的历史既像是被植入的历史，又像是被创造的历史；既像是自己的历史，又像是超过自己的更大空间的历史。这些都值得细细挖掘和体会。

一

讲到深圳光明，少不了两大认知，一是科学城，二是光明农场。科学城的定位是指与香港合作共建综合性国家科学中心，光明的科研和高科技产业日益成为其最显著的特色。而另一个印象则是光明农场，这更多地涵盖历史，包含了丰富的历史内涵。在光明有个“网红打卡点”，叫虹桥1958生态公园，这个景点就是充分依托光明农场的旧址，重现光明农场的历史记忆，回到光明农场初创时期的如烟往事。为什么名字中有1958呢，就是因为光明农场是1958年起步的，由此开创出一片新天地和新事业。而从这儿开始，它起伏不定、循环往复的身份认定，恐怕很少人能说得清楚。这里想做个大体的梳理和归纳。

早在1957年，国家筹备在广东省建设农场，由省农垦厅牵头，计划在宝安县建设国营农场，一开始考虑的是两个地点，一个是坑梓，一个是公明，后来选择了公明。最早是将碧眼、木墩两个村连地带人整体划入，楼村则划地不划人。后来东莞黄江所辖的新美乡，包括新陂头、圳美、羌下、迳口、白泥章等村落经申请也一并划入，这就是光明农场最初的地盘。后来，作为广州军区农副产品基地的沙河农场，也划入光明农场的版图。虽然光明农场空间陆续有一些变化，但总的来说就是这样的规模。那为什么叫光明呢？因为是在公明的地界上，所以取一个“明”字，而光的意思是“光荣”，农场的建立与发展是一项光荣的事业，算是另辟新赛道，所以叫光明农场，以便于与原有的公明相区别。

光明农场最早的名字是叫广东省国营光明农场，主要是由省农垦厅牵头管理，后来因为大批接纳华侨，又被称为华侨农场；再后来因为大力发展畜牧业，所以农场又被称作畜牧场；再到后来又成了集团，称为光明集团。但变来变去，大家还是亲切地称其为光明农场。至于光明农场的隶属关系，从广东省到当年的宝安县之间来来回回变化了4次，其中从1962年到1965年还一度划归广州军区司令部管辖，这才有了同属广州军区后勤部的沙河农场被划入光明农场的往事。而沙河农场再后来又划归深圳的央企华侨城集团，经开发而有了锦绣中华、民俗文化村和世界之窗等著名的旅游景区。光明农场作为一个时代的产物，联系着国家、省和市（县），既在当年宝安县的地头，又不仅仅属于县里管辖，因此就有了往复变化的身份和来回划定的利益格局。一直到光明集团股份公司成立，央企华侨城集团占股51%并控股，光明区占股49%，这才算形成了基本稳定的格局和架构。

二

2024年10月，光明区举办侨情说演大会，就是讲述光明的华侨故事、华侨历史，体现了光明主动打“侨牌”的文化策略。光明是著名的侨乡，登记在册的归侨侨眷11703人，约占全区户籍人口的5.7%。而光明之所以能成为著名侨乡，关键还在光明农场。当年光明农场是著名的归侨接纳单位，光明农场的归侨主要包括两部分，一部分是早期从马来西亚等归来的163名华侨，而另一部分是从越南归来的华侨4349名，占了绝大多数。

1978年中越关系恶化，华侨在越南被恶意驱赶，总共有22.4万人回归祖国，全国一共有43个国营畜牧场接纳和安置越南归侨，深圳光明农场接纳归侨共分6批834户，安排在16个侨点。当年光明农场的原居民只有2000人，安置的侨民人口是原居民的2倍多。光明农场的接侨地点是在广西东兴，与越南隔着北仑河，而侨民中大多数也是祖籍广西。当年接纳归侨工作难度大。深圳蛇口被称为“海上世界”的明华轮，属招商局，当年承担航运任务，被安排到越南接侨。但由于越南当局的阻挠，明华轮在越南无法靠岸，而岸边簇拥着的是数以万计的华侨，最后明华轮不得不空船而返。而华侨当年以难民身份回国，也是充满艰辛，时刻面临死亡的威胁。据当年从广西东兴接侨的同志讲，越南那边一批又一批的侨民涌到北仑河边，或用轮胎，或用船筏，纷纷抢渡到河对岸来，有的不顾一切，抓住任何漂浮物，能浮到对岸就行。据越南侨民讲，当年坐船回到中国来，要每人收取12两黄金。没黄金的就得变卖所有家产，也要凑够买黄金的钱。

为安置这些越南侨民，光明农场给了大量的支持和帮助。当时农场职工一个月的收入才19.18元，号称“1918”，而工作的侨民月平均工资达到29元。当时一些归侨不会插秧，不会干农活，没办法急得在田里哭，也是农场的职工教会他们各种技能，使他们得以生存。随着光明农场的飞速发展，证明侨民当年走向光明农场是正确的选择，归侨生活状况最好的恰恰就是光明农场的了。

三

讲光明农场，当然要讲到归侨，光明农场一度也被称作华侨农场。不仅如此，光明农场这块土地几乎就是移民社会的代表，说起来总共有三批规模较大的移民，或者说外来建设者。最早来的是省农垦厅派出的筹备小组，也就四五个人而已，而到了1950年代末就有约2000名来自省直单位的下放干部，这是第一批。第二批是1960年代的知青，多的时候曾经有3000多名，占了农场职工的半数，后来大部分都回到广州。当然也有留在农场的，结婚生子，算是扎下了根。

光明农场位于当年宝安县的北部边陲，曾被称作宝安的“西伯利亚”，多为荒山野岭，杂草丛生，呈现出一番荒芜的景象。首批拓荒的人说起来有三怕：一怕没水，当时还没有打井，水资源缺乏，用水只能从很远的山溪去担取，常常几天都无法冲凉；二怕火灾，因为要经常烧荒，火燃起来常常无法控制，形成火灾，而救火又非常危险，不小心就会出现烧死烧伤的情况；三怕野兽，当时山里有野猪，甚至有老虎，当时有下乡干部见到老虎被吓得浑身发抖，当然，也有打死过老虎的壮举。山里有野猪，而水里有蚂蟥。当时的知青见到蚂蟥，常常吓得大叫，一刀下去连皮带肉都被割伤。当时开荒的人手上没有一块肉是完好的，经常扎着刺，因为要蹚过很多荆棘丛。要讲到深圳这片土地开拓的历史，恐怕也得讲到光明农场开荒的历史。白天开荒，晚上修路，这几乎是当年开拓者们的日常生活。当初的知青在这里也算经历了脱胎换骨的锤炼，他们迅速地本地化，浑身晒得黝黑，只有牙齿还是白的，活脱脱地成了本地农民。

光明农场也有最艰苦的时候，特别是三年困难时期，食物极为短缺。当时为养猪种下的3000多亩木薯，是作为猪饲料，而这时候也成了人的口粮。当年农场没饿死人，也得归功于满山的木薯。当然，与人抢木薯的，还有野猪。野猪经常来拱木薯，于是就有了满山打野猪的往事。所谓打野猪也不是真打，野猪很凶猛，人只是用木棒等赶走它们。人也有偷吃木薯的，但有生命危险，因为生吃会中毒。当年的开荒，种植的除了木薯，还有荔枝。1983年的时候，已有14万棵荔枝树，按人头算，年均每人就有10棵。这种荔枝的品质好，特别大颗，被称为“鹅蛋荔”，形象地说，有鹅蛋那么大。只可惜如今城市发展太快，很多荔枝林已不复存在了。不存在的还有老糖厂、大片的甘蔗林、粮油厂，以及厂区高耸的烟囱，这些就像公明那些有800多年的老村落一样，成为怀念的往事了。

四

讲深圳的老字号肯定少不了讲沙井蚝，讲南山荔枝，还有公明腊肠等，但同样还有光明三宝：红烧乳鸽、牛初乳和甜玉米，特别是光明乳鸽、晨光牛奶作为原产地品牌早已蜚声中外。

这些品牌的孕育和形成的历史也是光明农场创业和发展的历史。光明农场从建设之初就有一个重要的目的：服务香港，为香港供应农副产品。都知道有“三趟快车”，那是从内地经深圳往香港运输农副产品的专用列车，设快车就是为了保证农副产品供应的新鲜和及时。但再新鲜和及时，恐怕也敌不过直接从一河之隔的深圳生产和运输农副产品，所以当年沿广九铁路建农副产品生产和供应基地，也是光明农场建立的初衷。而从光明农场生产供港农副产品，知名度最高的就是乳鸽和牛奶，这也是改革开放和经济特区建立以来深港合作的又一成功案例。

先说晨光牛奶。光明农场饲养奶牛的想法，一直都有。1977年，时任国家农垦部部长的王震同志就给光明农场送了五头奶牛，包括四头母牛和一头公牛，以支持农场的建设。这也是农场奶牛业的最初的起步，但形成产业，形成规模，还得到改革开放之后。1980年，光明农场与香港维他奶公司签订补偿贸易协议，农场出人出地，港方公司出资购买牛奶，产品全部销往香港，并逐步偿还购买奶牛的投入。最初是从新西兰引进300多头奶牛，后发展到拥有7个奶牛场，最高峰的时候拥有7000多头奶牛。香港维他奶最初只生产经营豆奶，与光明农场合作后，开始逐步转向牛奶，而农场在乳业发展过程中逐步培养起自己的品牌。晨光牛奶其实当初也考虑叫光明牛奶，只是上海已经有了光明牛奶的品牌，于是晨光牛奶的名字也应运而生。晨光牛奶在发展中一举成为中国最大的外销牛奶品牌，覆盖了整个香港市场，而在深圳，晨光牛奶更深受市民的最爱。

还要讲到的就是光明乳鸽。2024年深中通道开通后，深圳人有个爱好——喜欢开车到中山尝尝中山乳鸽的味道，并且与光明乳鸽做个比较，看看谁是鸽王。光明乳鸽品牌的兴起，得说到1982年，光明农场与香港璧盛发展有限公司合作建立大宝鸽场，农场占股51%，港方占股49%，农场以土地入股，港方则从美国引进落地皇鸽种苗2.4万只，饲养的乳鸽全部供港。乳鸽养殖业迅速扩张，高峰时期算下来，光明农场平均每个人每年能养到1000对。而1983年光明农场建立的光明招待所，也成为品尝红烧乳鸽最正宗的餐厅，并一举成了深圳的老字号。光明乳鸽如今已是深圳响当当的品牌，餐饮界的说法是"北有北京烤鸭，南有光明乳鸽"。

光明农场的创新发展早已融入了深圳改革发展的大潮，并成为深圳创新创业成就的生动体现。一个农场的故事，也逐步成为一个城市故事的生动篇章。

火车一响，黄金万两：百年平湖的变革

平湖，这个位于深圳北部边陲的小镇，起初并不引人注目，经济不发达，人口也不稠密。然而到了近代以后，平湖却奇迹般地崛起，并成为深圳城镇化的代表，甚至被认为是“中国现代化的地方性图景”，平湖的故事就是中国现代化的故事。回首百年，平湖的变化值得我们去回溯，去探究，并从中得到启示。

一

平湖是个好名字，一是让人想到平静的湖面，如被磨光的镜子，闪亮光洁；一是让人想到浩大平坦的水面，辽阔无垠，都是静美的所在。以平湖命名的杭州的“平湖秋月”，被誉为“一色湖光万顷秋”，妥妥地列入

“西湖十景”。而当年看过的一部港产电影，其中有关于平湖的诗句，至今还难以忘怀，“十里平湖霜满天，寸寸青丝愁华年。对月形单望相护，只羡鸳鸯不羡仙”，其中有美丽、有爱情、有愁怨，感动人心。而我们要讲的深圳的平湖，与这些都没有一丝一毫的关系。首先是，平湖无湖。历史上的平湖虽属丘陵，地势倒是平坦，但并没有什么湖泊河流，严格意义上讲，属于较为缺水的地区，水资源尤为珍贵。平湖要是有湖，那真是最大的梦想了。那为什么又要起名为平湖呢？当地人比较一致的说法是，平湖有三个代表性的村落，一个是伍屋围村，一个是大围村，一个是松柏围村。从地形上看，一个像蟹，一个像蚌，一个像虾，都属于水族，于是就有了奇想，虾、蟹、蚌能汇聚在一起，那一定得是湖，得有较大的水面，而平湖的名称也就此形成。命名也许是偶然的灵感，但其背后藏着的可能是集体无意识，那就是希望有浩荡的湖水，有辽阔的水源，既能解生活之需，又能遂财富之愿。平湖因此又是想象平湖的结果。

平湖地处岭南，说起最早迁徙而来的居民，应该是刘姓客家人。平湖街道户籍人口主要姓氏有20多个，但刘姓绝对居于榜首，而且主要是原居民。说原居民其实也是移民，也是“客”，是600多年前从福建迁到南雄珠玑巷，后来又迁到平湖，而再往前推，其根脉要归到河北保定，再到河南偃师。平湖大围刘氏宗祠，可以说代表了刘氏一脉的渊源。而从方言来看，平湖地区在长期的文化碰撞和交流中，形成一种独特的平湖话。平湖话不属于客家方言，而在龙岗这个客家人汇聚的大本营中，平湖话无疑是这个客家方言区的一个例外。有意思的是，平湖只有上木谷和新木社区讲客家话，这又成了平湖的一个例外。深究平湖话，应当属于广府话，但又加入了不少土语，杂糅了不同的方言发音，与广府话又略有区别。

如今福田的上沙、下沙，还有皇岗、水围等地的原居民说的也都是围头话，只是现在除了老人，年轻人基本不讲围头话了。围头话，也快成方言标本了。有意思的是，同样是讲围头话的两个老村落，一个是平湖的大围古村，一个是福田的下沙古村，都有同样的移民精神，并且把这种精神具体化为宗族的家风。刘氏宗族有《广传公教子诗》，“骏马骑行各出疆，任从随地立纲常。年深外境皆吾境，日久他乡即故乡。早晚勿忘亲命语，晨昏须顾祖炉香。苍天佑我卯金氏，二七男儿共炽昌”，这与下沙村的教子诗如出一辙。虽然表达略有不同，但意思完全一致，一是讲骑着骏马勇敢地向外开拓，他乡都可以成为故乡；二是讲在外不要忘了祖宗，要时时上一炷香，希望子孙都能得到祖宗和上天的庇护。如果没有这种移民精神的加持，就不可能突破传统安土重迁的老路，也就不可能有深入岭南的开拓与发展了。

讲到平湖刘氏，就得说到纸龙舞，它应该是平湖最有代表性的非物质文化遗产了。扎好的纸龙包括龙头、龙身和龙尾，节节相扣，中间还有闪烁的“鳞片”。纸龙大年三十晚上到河边开光，请到龙神附体，然后从大年初一一直舞到正月十五，在十五这天再送龙神升天，这就算是一个完整的闭环了。虽然深圳在南海边，但就平湖的纸龙舞来说，却完全出自北方。它依托的是一个传说，渭水中的鲤鱼跃过大禹劈出的龙门而一举成为神龙，这就是“鱼化龙”的故事。然后这由鱼化来的神龙，闹海、定海，并遨游四海，为百姓赐福。纸龙舞的故事与渭水有关，更证实了刘氏的先祖出自北方，但有意思的是，“鱼化龙”从河到海，倒更像是刘氏一脉的移民路线，而文化也随之南下，并生生不息地传承到了今天。

二

百年平湖的沧桑巨变，说到源头，还是个交通问题，平湖火车站的建立，使平湖有了凤凰涅槃般的巨变。平湖有了火车站，得益于广九铁路的建设。1906年，清政府与港英当局正式决定，双方合作兴建广九铁路，即从广州到香港九龙的铁路线，并从香港段先行动工。其中，清政府负责修筑广州到深圳段，而英国修筑九龙到深圳段。因财力有限，1907年清政府向英国所属中英银公司借款150万英镑，并专门签订借款合同。到1911年，广九铁路全线通车。广九铁路是中国近代的主要铁路线之一，也是香港与内地联系的唯一的铁路线，其重要性不言而喻。特别值得一说的是，当年修建广九铁路要穿山越岭，工程难度大，技术要求高，而广九铁路的石龙桥，离平湖不远，就是由著名的铁路专家詹天佑先生指导设计的，现在也成为全国重点文物保护单位。

广九铁路在深圳段有5个站点：平湖、李朗、布吉、深圳墟、罗湖桥，平湖因此获得了重要的发展契机。其实，广九铁路一开始只计划在深圳（即当年的宝安县），设布吉站和深圳墟站，是刘铸伯先生出面说服有关方面，这才有了平湖站。刘铸伯先生的面子大、江湖地位高，曾有“刘铸伯的面，霍英东的钱”的说法。“老大难，老大难，老大出面就不难”，平湖站正式成为广九铁路的重要节点。而刘铸伯先生为什么要为平湖这样一个小镇出面呢？因为这是他的家乡。刘铸伯先生虽然是港人，但他出生在平湖，后前往香港和海外接受教育，并开启了事业的征程。他毕业于英国的牛津大学，并曾在中国的烟台大学任教，后应邀担任著名的屈臣氏公司的总长。刘铸伯以其辉煌的业绩和巨大的影响力，一举成为香港著名商人。也正是由于他的面子大、乡情深，平湖站才得以建立，平湖才得以起飞。

广九铁路至关重要，尤其是对拉动深圳中东部地区的发展功不可没。物畅其流，才可能有财富的流转与积累，而当年稍显偏僻的平湖，才有了通往香港、通往海外的更大的可能性。更重要的是，深圳发展的中心也因广九铁路的穿越而发生了偏移。原来深圳西部的南头古城是县衙所在地，是政治、经济和文化的中心，而随着中东部的发展，罗湖桥及深圳墟等铁路沿线慢慢成为深圳的中心地带，经济特区以深圳命名，罗湖桥成为陆路口岸，以及布吉、平湖等工业化和城镇化的发展，都使得深圳东西发展的重心产生了偏移。当然，三十年河东，三十年河西，南山因发展高科技产业，再次成为深圳经济的重镇，这又是后话了。

中华人民共和国成立后，广九铁路广州至深圳段继续保持通车，但列车已不可能直通香港了，广九铁路广东段因此改称广深铁路。广深铁路在进入动车和高铁时代后，也面临着衰落的命运。火车不再在平湖设客运站，平湖也自此陷入了沉寂。但就在这个历史关头，市人大代表仗义执言，认为平湖不设站，将给深圳中部、东部地区带来极大的影响，平湖连接东莞、联系周边的地理优势也不再能够发挥，而平湖建设物流中心也不再有依托。于是，在深圳两会上，代表们直言，平湖作为深圳的“北大门”，不能缺少客运站，必须恢复和改造。代表们的建议得到市政府的支持，平湖客运站综合改造工程从2014年启动，到2015年底完工，以全新的面貌登场。平湖和平湖站又逐步恢复往日的风采。

三

刘铸伯先生对家乡平湖最大的贡献是力谏设立平湖站，但还不止于此。平湖开启现代化的进程，刘铸伯先生应该是开山鼻祖。

他首先规划建设了平湖新墟。如果说火车带来了发达的物流，而墟市则带来了丰富的贸易。平湖原先有旧墟，但其知名度并不高，而且也适应不了新型物流中心建设的需要。于是，刘铸伯先生从设站开始，立马投入新墟建设的项目中。新墟有上下六条街，房屋大多设为两层，一层是广府建筑常见的骑楼式的商铺，二层则可以有住宿、餐饮等安排。新墟呈田字形，包括上大街、下大街、正大街、守真街、昌平街、述昌街。其中守真街的守真就是刘铸伯先生的字号，而正大街就是今天还存留的平湖老街，当年也是最旺的商业街。发达的物流使平湖新墟商品极为丰富，有来自广州的百货，来自东莞的农副产品，来自周边的土特产，来自香港的洋货，东西土洋应有尽有。而经营新墟的就是刘铸伯先生创办的昌裕公司，后来又改名叫益民公司。益民公司为带动新墟的生意，采取特殊的政策，从香港先赊货，卖出后再回款。这就极大地方便了墟市的商贩，而做担保的就是刘铸伯先生的面子。

讲到益民公司，它如今已消失在历史深处，但当年位于平湖新墟的碉楼还在，碉楼的墙体上还清晰可见益民公司的字样。这栋碉楼经历了太多的历史风云，当年屡遭日寇的炮火袭击，但愣是屹立不倒。当年一支国民党顽军驻扎在碉楼内，党的地下武装决定夜袭敌军，可任凭怎么轰炸，碉楼一动不动，攻楼行动也宣告失败，如今还可见到当年炮火轰炸的痕迹，由此可见碉楼建筑技术的高超，还有就是刘铸伯先生对工程的用心把关。当然，碉楼也有对手，一棵树说巧不巧地长在碉楼的墙体上，发达的根系四处延伸，不得已只好用“喂药”来解决问题，使树生病，并枯萎而死，碉楼才免遭厄运。现在去看，碉楼顶上依然长着一棵葱茏的树，只是暂时还不会影响到碉楼的安危，也就放置不理，于是，这棵树就成了古老碉楼的独特风景。

刘铸伯先生依托平湖站建起了平湖新墟，而依托平湖新墟，刘铸伯先生想建一个镇、一座城。都说城市常常是因市而城，而刘铸伯先生独自创建了平湖新墟，这里不仅有火车站，有商业店铺，有昌裕公司，更重要的是，有了教育和医疗机构，这使得平湖新墟远远突破了墟市的概念。刘铸伯先生设立的教育机构是纪劬劳学校，有一座两层的教学楼和一排平房，建筑面积464平方米。学校面积虽然不算大，但设施齐全，有运动场，有食堂。虽然是新式学校，但精神根植于中华传统文化，“劬劳”就来自《诗经·小雅·蓼莪》，“蓼蓼者莪，匪莪伊蒿。哀哀父母，生我劬劳”，讲的是父母对孩子的恩情，自己那么劳累，对孩子那么呵护，而孩子们则无所回报，深感歉疚。诗中说，“无父何怙，无母何恃”，如果没有了父母，我们还能依靠什么呢？纪劬劳学校起了这个名字，就是要让孩子们从小懂得感恩，记住父母的劳累和恩情。而刘铸伯先生所建的医院就是念妇贤医院，他有感于平湖地区医疗条件恶劣，病无所医，妇人生产无处接生，特地建立了这所医院。当时的民国大总统黎元洪被刘铸伯先生的情义深深打动，亲自题写匾额，他为纪劬劳学校题的是“急公好义”，为念妇贤医院题的是“乐善好施”，以肯定刘铸伯先生的善举。

刘铸伯先生的行为其实是受到母亲的影响。他是遗腹子，是母亲一手把他带大，不辞辛苦地帮助他成长，而正是念叨母亲和太太的好，所以才把医院起名为“念妇贤”，永远纪念这些伟大的女性。

刘铸伯先生不仅推动了平湖的城镇化，也推动了平湖的工业化。当年平湖开办有大兴织布厂，还有顺城楼酱料厂等，现在香港蜚声中外的荣华月饼就是由酱料厂起步，到后来的荣华食品厂制作出来的。而当年在新墟还出现了机械化的粮食加工厂，推动了当地农民迈入工业化的新时代。

平湖如果是一面镜子的话，那么它照见了600年的沧桑、100年的飞跃，相信也会照亮一个光明的未来。

水贝：与珠宝无关的名字，与珠宝有关的故事

水贝作为罗湖一个有600多年历史的老村落，类似的名字还有田贝、湖贝等，可以说是岭南特有的村落命名方式，不难想见其绵延至今的历史。同时，在进入改革开放的伟大时代后，水贝又经历了怎样的变迁？这些变迁又给了我们怎样的启示？这些都值得我们一一探究。

一

在对水贝作深入调研之前，竟然一直存在一个认识上的误区，而且这个误区存在于许多人身上。都知道水贝是珠宝产业的集聚区，所以想起水贝这个名字，就自然而然地与珠宝、与宝贝联系在一起，于是就有了一个自然而然的逻辑：贝是长在水里的，所以又称水贝，而被称为水贝村，就极有可能是村子里以养殖水贝为营生，并且由此成行成市，形成水贝产业。早些年读李商隐的诗《锦瑟》，其中就有“沧海月明珠有泪，蓝田日

暖玉生烟”，就讲到海边采贝的鲛人，在月明之夜采出的珠贝晶莹剔透、仿佛眼泪，而将珠宝与玉石相并称，更是指朦胧闪现的美好事物。

然而再作探究的话，就会发现，水贝作为村庄的名字，与珠宝毫无关系。与水贝村的村主任聊起来才知道，水贝村原来不叫水贝村，而叫水背村。他说在20世纪80年代，他们上学的时候写的都是水背村，为什么呢？因为村子是在水的背面、背后，所以叫水背村。什么水呢？其实是两个相连的水塘，叫隔塘，当初立村的时候，考虑到水源问题，所以选择临近水塘。这种命名方式不仅有水贝，当年田贝就是指在田的背面，庄稼地的后面的村子，而湖背村呢，就是指在湖的后面的村子。有水有田，在农业经济时代，这才是关键的生产要素，也是立村之本。至于为什么把背改成贝，据了解，大约有三个原因：一是背字笔画多，不太好写，对于识字不多的乡下人来说，用同一个发音的贝字取代，要简单得多，也好写得多；二是背字总是有些不太顺的意思，如背运，就指不走运，所以要换一换运道；三是贝指宝贝，就像水里的珠贝，熠熠生辉，非常闪亮，很吉利。

事实上，在改革开放之初，当万千移民向这片土地汇聚的时候，一些老旧地名也迎来了“改写热”，改写后的名字往往既祥瑞，充满积极的暗示，又文雅，很“郁郁乎文哉”的样子。如水背村改成水贝村，西沥湖改成西丽湖，香沥水库改成香蜜湖，等等。还有上步区下步庙改成福田区上步庙，应该说是改名字的成功案例，否则“上不去下不妙”的谐音怎么听怎么不顺。当然，有些名字在老深圳的方言听起来没问题，但用普通话说起来就不是那么回事了。名不正则言不顺，改了名字有了美好的寓意，经济特区的事业发展，也更有了一帆风顺的祝愿。

二

水贝村当初有个古色古香的门楼，在旧改中被拆除，水贝人又修建了新的门楼。门楼金碧辉煌，用的都是从福建采购的最好的大理石，门楼上的字和图案都镶金带银，有一种富贵气，当然这也正是珠宝产业基地的范儿。门楼建得像凯旋门，寓意着成功与胜利，以体现水贝人的那份自信与自豪。然而，水贝人在意的不仅仅是堂皇的门楼，还有门楼左右的那副对联，“水伴皇罗清族人恩昌衍，贝连圣地河源天月最明”，这门联跟村口南面牌坊的对联有点类似——“水绕龙塘奕祖仝人思月，贝蕃建树纪铭先主清河”。其实这两副对联都有异曲同工的创意，即把水贝、清河都镶嵌在对联中，无论“水伴皇罗清族”“贝连圣地河源”，还是“水绕龙塘”“贝蕃建树”，都少不了对水贝的那份赞美与祝福。而饮水思源，两副对联都慎终追远，追到水贝的祖上——河北清河，那里有先祖，那里有水贝的根。一直有“天下张姓出清河”的说法，水贝张氏宗族也同出一辙。

讲水贝，必须得讲到湖贝，还要讲向西，讲黄贝岭。罗湖的这几个老村落，不仅在地理上相连，更重要的是血脉相通，这背后就是张氏宗族的历史。水贝村的立村始祖是张远涧，而从张远涧的长子张玉轩，再到下一代张松月都定居在水贝。张松月有四个儿子，即长子张思月、次子张爱月、三子张怀月、四子张念月。祖上定居水贝后，随着家族的繁衍，原来的村落空间已无法支撑后代的生存与发展，于是除长子定居原村外，其他都陆续外迁。长子张思月留在水贝村，而次子张爱月移居向西村，三子四子张怀月、张念月则移居湖贝。另外的堂亲则定居黄贝岭。推衍下来，张氏宗族从张玉轩始，长子都坚定地留在水贝村，水贝堪称是张氏宗族最有发言地位的一支了。水贝村的祠堂叫“思月张公祠”，就是以曾经的长子张思月来命名的。其实最早并不叫思月张公祠，而叫思月书院，其实就是张氏一族的祠堂。书院并不只是私塾，其中不仅立有祖宗的牌位，还立有至圣先师孔子的塑像。书院有祠堂的功能，这在广府文化中并不少见。像西乡郑氏宗族所建的著名的绮云书室，同样也有郑氏祠堂的功能。说起来，水贝人还有一层光荣的“委屈”。当年的思月书院，曾经在现代史上与著名的省港大罢工相联系，罢工工人有组织地乘坐广九铁路列车，从香港转运广州，而靠近深圳站的思月书院就成为重要的中转站，周恩来同志曾在此做过指导和联络工作。思月书院因此成为中共红色历史的重要纪念场馆。进入20世纪90年代，老东门改造中，思月书院被拆除，但考虑到它在红色历史及张氏家族中的历史地位，书院又得以就近重建，并成为市级文物保护单位。由于重要的红色单位归体制内统一管理，于是水贝人又不得不重建起思月张公祠，以作为张思月这一脉族人的祠堂。

三

讲水贝的文化和教育的历史，其实有比思月书院更具代表性的，那就是雍睦堂。张氏宗族的雍睦堂就位于东门老街即当年的深圳墟中。深圳墟就是由张氏族人所建，而雍睦堂就是从墟市的收入中抽取若干并建造而成。雍睦堂的功能是什么？雍睦，顾名思义是指团结、和谐，就像古书中所讲的“上下怡然，莫不雍睦”，讲的是家族内部很团结、很和谐，因而很安宁、很幸福。雍睦堂原本是家族祭祀的场所，祭天、祭地、祭祖。而祭祀作为重要的家族活动，其目的就是达到家族团结安宁的状态。中国的古村落中，叫雍睦堂的应有尽有，但水贝村的雍睦堂的功能又有所不同。张氏家族所建的雍睦堂，不仅在于祭祀，还有教育的职能，是作为私塾甚至社区学校出现的，为张氏族人甚至族人之外的民众培养人才，而所讲的祭祀功能，反而更多是由思月书院来承担。正是从雍睦堂出发，才有了后来的深圳小学乃至深圳中学。

从1911年开始，中国教育逐步从私学转向公学，水贝及周边村落也转向现代教育的路子。类似的情况，南头凤冈书院演变到南头小学、南头中学，都差不多走过同样的历程。有意思的是，当年南头是宝安县衙所在地，也是后来的宝安县的行政中心，再加上凤冈书院的加持，南头中学自然是宝安排名第一的中学，或者直接称为宝安中学或宝安第一中学。只是到后来，宝安成了深圳的一个区，南头中学才不再用到宝安的名字。而当年的深圳小学乃至深圳中学还不足以雄踞宝安县的榜首，他们还只是以深圳镇的“深圳”来命名。曾几何时，当深圳成为城市，成为经济特区的名字后，深圳中学、深圳小学反而成了以城市和经济特区命名的学校。重要的不仅是名字，背负着雍睦堂历史的深圳小学，特别是深圳中学，还一举成为深圳中等教育的标杆。就说2024年的高考，被推荐和考中北大、清华的毕业生就高居整个广东的榜首，这不仅是一所中学，也是整个城市的骄傲。而讲深圳中学就要提到一位著名的教育家——张煊林先生，他曾经担任过私立深圳小学的校长，使深圳小学的规模扩大到300余人，并推行了各种新的制度，使学校管理上了一个新的台阶。同时，张煊林先生还为雍睦堂筹建中学而奔走，今天深圳中学依然将张煊林先生作为重要的创始人。

四

如果说大芬是中国著名的油画村，那么水贝就是中国著名的珠宝村。当年大芬油画出口占据了中国文化产业出口的半壁江山，而水贝则拥有了中国珠宝产业接近70%的份额。世界珠宝在中国，中国珠宝在水贝，可谓名副其实。水贝有中国第一家珠宝博物馆，而且是以政府和社会资本合作模式建成；水贝有7000多家珠宝企业，是中国珠宝企业最密集的街区。深圳经济特区建立40周年，评选出40年40人，其中珠宝行业作为深圳最有代表性的优势传统产业，其入选的代表人物，就是珠宝企业TTF的吴锋华。吴锋华就一直被称为水贝珠宝业的“疯子”，为设计最好的珠宝而“不疯魔不成活”的人。当年吴锋华为开拓海外市场而苦于英语差，吃饭睡觉都要满口英语词汇，结果一举成为珠宝行业的英语达人。而他孜孜以求从汉字、从中华文化资源中开创珠宝美学的路子，可以说是中华优秀传统文化的创造性转化、创新性发展的代表人物。

讲深圳经济特区发展，就必不可少要讲到珠宝业，当年就有人把经济特区叫作出口加工区，其实这正是经济特区当年的初衷。利用深圳廉价的土地和劳动力，加工产品再销往海外，从而创造巨大的利润，这也是经济特区最早的商业模式，珠宝行业可以说是代表。早期深圳有八卦岭工业区、沙头角工业区等代表性的产业园区，其中，沙头角工业区就曾经有不少港商的珠宝加工企业，港商利用内地劳动力加工珠宝，再经香港销往海外。香港的珠宝加工业因此转移到建立之初的深圳。随着珠宝企业聚集得越来越多，行业也开始溢出沙头角向水贝发展。水贝，包括罗湖，对于港商来说更便利，同时城市化程度更高，不仅有利于加工产品，也有利于展示与销售，再加上罗湖区乃至深圳市有意用行业政策加以引领，于是，水贝便成为深圳乃至中国最大的珠宝业集聚地。深圳水贝国际珠宝交易中心、中国国际珠宝玉石首饰特色产业基地等的建立，以及深圳国际珠宝展览会的召开，使水贝珠宝、深圳珠宝成为区域乃至全球的品牌。而2015年爱迪尔珠宝、2017年周大生珠宝相继上市，则标志着深圳珠宝市场主体地位的逐步确立。

有意思的是，水贝的珠宝行业也在进行转型和转移，据说当年潮州人、福建人都聚集于水贝，他们手很小，但很灵巧，珠宝加工的活，做得细、做得精致，慢慢地发家致富，并完成了资本的原始积累，自己也从加工者一跃而成为老板。据说水贝边上的高档小区住着的基本上都是从珠宝行业起家的。随着水贝知名度、影响力扩大，仅仅从事珠宝加工行业的利润率偏低，于是加工部分开始向经济特区外转移，李朗开始成为珠宝加工业的新的聚集区，而水贝则成为珠宝展示与销售的中心，水贝、李朗又形成了前店后厂的关系。深圳的国家级展会文博会，水贝、李朗就是重要的分会场。2024年的文博会都在说一个故事，说水贝珠宝美轮美奂，中东的王子来了，爱不释手，站在柜台边说，“这个那个，不要”，正觉得失望之时，却听到说，“其他都包上，都要”。水贝因此也大大抬高了文博会的交易额。

水贝的故事还在延续。由富而贵，水贝珠宝因此会是一个创意的故事、创业的故事，而其背后，正是一座城市的缩影。

从西乡实现的湾区融合

讲老深圳、老宝安肯定少不了讲西乡。作为广府文化的代表，西乡一直被视为本土文化的正宗。从方言到美食，从祠堂到庙会，西乡都有代表性。不仅如此，西乡自古至今几乎都是移民汇聚，演绎了湾区融合最早的历史故事。

一

西乡最大的特点是既面江又朝海，面江即面向西乡河，而朝海即朝向深圳湾，所以讲，西乡最大的资源就是岸线。在西乡河融入深圳湾的地方，也就是今天所讲的西湾，生长着大片的红树林，这是被特别保护的树林物种。越是在河流入海口，就越是有大片的红树林生长，这是南方海域所特有的景观。讲深圳的红树林，大多关注福田和南山，殊不知在宝安，在西乡也有这样大片的红树林存在。西乡在某种意义上就是一片咸淡水交汇的文化，既有农耕文明的特色，又有海洋文化的特色；在表现方式上，既有耕地的农民，又有从事贸易的商人，同时还有大量的手艺人，甚至有同时兼营几种行业的人群。进入近代以来，西乡还成为中外商品的集散地，河运与海运的叠加，造就了发达的物流业，加之附近南头古城的码头一度淤塞，西乡更是成为重要的货运港口。如果从近200年西乡最直接的人口来源来看，这里有大量来自东莞、广州、中山、江门等地的广府人群，也有远从粤东乃至闽西辗转而来的客家人群，当然，也有潮州人和疍家人，以及来往香港与西乡之间的商务人群。西乡一度成为大湾区物流与人流交汇的一个重要目的地。一位西乡归侨老人凭记忆所绘就的《西乡晚期繁华录》，无论是建筑、集市、人群等，都呈现出聚集度很高的街区景象，因此又被称为“西乡版清明上河图”。与当年东京汴梁的《清河上河图》不同在于，这里不仅有“上河”的景象，还有“上海”的景象，稠密度和开阔度都很高，足以想见当年西乡的繁盛景象。

而讲到人口汇聚，晚清以来西乡主要是广府和客家两大族群聚集。值得关注的是，清复界以来，大批客家人南迁、西迁至此，西乡可以说是本土的广府人与外迁的客家人交汇交融的重要空间。土客械斗曾经是广东移民史上极为常见的一种社会现象，但在西乡总体尚未发生，尚能做到和睦相处；有争斗，有区隔，但大规模的械斗并不多见，足以显示出西乡因地理和商业因素带来的巨大包容性。当然，这种融合也并不完全彻底。据了解，直到改革开放之初，尚有在同一学校上学的学生，广府佬从左门进，客家佬从右门进，呈现井水不犯河水的样子，但随着市场经济的深入发展和外地移民大规模涌入，这一现象算是彻底消失了。

二

深圳各个街道人口的总量，西乡排名第一，达到了85万左右，这在内地差不多相当于一些中等城市的规模。这样庞大的人口聚集，与西乡集中存在的城中村有密切关系。城中村房屋租金不贵，再加上各种便利的生活安排，随处可见的小卖铺与小吃店，使西乡的烟火气浓郁。它既位于大都市的核心地带，经济发达、人口稠密，同时又有类似于县城的各种接地气的街边生活。尤其是临街的集市，像真理街，保留着岭南的骑楼特点，有利于顾客避雨、避南方的烈日，又有利于各种店面的延展。街道沿道路两侧呈弧线展开，非常具有岭南集市的特色和风情。至于为什么叫“真理街”，也值得寻味。做生意讲究个公平，一旦形成争执，人们希望能求个真相，讲个道理，时间久了，人们就把这条街命名为“真理街”，祈求多一份公平，多一份和气。当然，西乡有名的街道还包括西乡食街、旧海鲜市场街、巡抚街等，物品应有尽有，尤其各种小吃遍布其间，如果用“舌尖上的西乡”来形容，恐怕也并不为过。

讲西乡的烟火气，特别要讲到北帝庙，这里香火缭绕，人群络绎不绝。用香火气可能更准确，来北帝庙进香、烧香的人太多了，以至于管理方特别担心消防问题，担心火烛太旺引发火灾。北帝庙这个在都市中的庙宇，完全没有山郊野外的清静，满眼望去全是飘舞的旗幡、燃烧的烛火以及各种装满心愿的彩条，都市的繁华使北帝庙更多出些热闹和喜庆。对北帝庙常不小心错意到金庸小说中的南帝与北丐，其实西乡的北帝与南帝段智兴及北丐洪七公没有一丝一毫的关系，它指认的是水神。作为河海交汇处的西乡，祈求最多的就是风调雨顺，既能带来五谷丰登，又能带来平安远航，所以水神的地位有点至高无上。

看北帝庙的神位就特别有意思，一方面它兼具多元崇拜的特点，并列放置的有北帝，有观音，还有土地公，几乎涵盖了各种需求，有农耕社会的土地崇拜，也有海洋文明的平安祈祷，还有渴求人口繁衍和人丁昌盛的意思，等等。总之，想要实现什么样的愿望，都可以到北帝庙来求一求，甚至包括想发财、想升官，甚至连高考的学生也要来拜一拜。北帝庙被视为无所不能，自然香火也就无所不在了。但另一方面，尽管有多个神位，居中的一定是北帝，连观音像也只能位列一旁，这在全国各地的庙宇中恐怕也是绝无仅有，可见北帝的地位非同一般。但从另一个角度讲，作为咸淡水交汇处的西乡，水文化是沁入灵魂的，也是主流文化。通江达海的水利使西乡获得了巨大的人流和物流，这才使得这样一个传统的乡镇在近代崛起，并获得了融合湾区资源的可能性。

其实，从地位上，西乡无法与南头比，南头古城是宝安县的县衙所在地，当然也是政治、经济、军事中心。西乡，顾名思义，就是南头古城西边的那个乡，跟南头古城有两公里的路程，算是县城的附城，也可以说是离县城最近的次中心。从西乡发掘的铁仔山古墓群看，大大小小、整齐规划过的600多座古墓就表明，西乡曾经一度是南头古城的公共墓地，但正是得益于近代以来西乡的开放和商业发展，得地利更准确地讲是得水利，西乡才一跃成为湾区耀眼的所在。由水运之便利到商业之发达，西乡因此而逆袭成功。西乡的三月三庙会，以及三十六坊可以说是空前的，也是西乡强盛的重要标志。

三

讲西乡，有两个人物的影响巨大，要特别予以讲述，一个是广东巡抚王来任，一个是西乡名商郑绮云。首先讲王来任，他当过清康熙时期的广东巡抚。与真理街相连的是西乡的巡抚街，这个巡抚街的命名就是为了纪念王来任这位巡抚的。这还不重要，重要的是离真理街不远有个王大中丞祠，就是直接祭拜王来任的。清代广东巡抚兜兜转转有20多位，为什么要将王来任放在如此重要的位置，以至于要建立祠堂来纪念他呢？原因就在于他的死谏。此间的由来，还得说到康熙朝的海禁政策。由于郑成功的海上势力的袭扰，清朝实现严厉的海禁政策，沿海数十公里原居民全部撤出，虽然于海防有利，但于民生，却是一场巨大的灾难。“迁民失业，饿殍蔽道，弃儿塞路”，可谓人间惨剧。王来任当巡抚之时，海上袭扰势力已逐渐被平息，于是就斗胆向皇帝冒死奏请，叩请从民生考量，撤销海禁政策，让老百姓复界垦殖。这就是王来任著名的《展界复乡疏》，而就在上书皇帝后的两年内，他就因病去世了。讲西乡的发展，必须讲海运与贸易，而没有复界，西乡的繁荣就无从谈起。尽管后来也有可能会重回海边生活，但如果没有王来任冒着杀头的危险去触碰底线，西乡百姓的苦难可能还会持续相当长的时间，所以老百姓才会从心底里去说王来任的好，并为他建立专门的祠堂，像祭拜祖先一样地去祭拜这位敢担当的巡抚大人。

还有一位要说的是名商郑绮云。其实郑绮云的名气并不大，比他名气大的，一是他的孙女郑毓秀，一是他所建立的深圳地区最大的私人书斋绮云书室。绮云书室的规模宏大，大到什么程度呢，当年南山天后宫作为东南沿海最大的天后庙，还不及绮云书室占地面积大。郑绮云其实是叫郑瑶，大名郑绮云，祖上是不到200年前从东莞迁来西乡的。郑绮云别名叫木姚，早期做木匠活，后来到香港从事地产行业，一夜暴富。这有点像今天粤西的高州人到深圳做建筑工，然后进入地产业发了大财。暴富后的郑绮云，一是荣归故里，在故乡西乡大兴土木，修建了绮云书室；二是关注读书，让子子孙孙都能读书上进。今天的西乡小学就是绮云书室的地盘，而绮云书室也成为西乡小学管理的重要的古建筑。从书室所用的木料、石料以及木雕、石雕等来看，应该是当年最好的配置，可见郑绮云对读书的重视、对故乡的重视。而正是在郑绮云的倡导下以及好学的家风影响所致，郑家出了个大读书人、大名人，这就是郑毓秀。她是中国近现代历史上第一位女博士、女检察厅厅长、女法院院长。直到今天，她的塑像还立在西乡小学校园内，勉励后学读书成才，读书报国。西乡小学在绮云书室所举行的学生开蒙礼、入学礼、毕业典礼，老师的退休礼等，都在至圣先师孔子像前敲钟明志，而每周一节专设的阅读课，可视为这一书香传统的生动延续。

找 不 到 渔 民 的 渔 民 村

要讲改革开放以来深圳村庄的变化，最神奇的莫过于渔民村了。从苦难的打鱼人到最早一批的万元户，从“洗脚上岸”到“洗脚进城”，几乎没有比渔民村人身份变化更大的了。而这个变化背后藏着的是一个城市、一个时代的奇迹。

一

渔民村位于罗湖区的西南部，地处罗湖火车站以西，深圳河以南，西临布吉河口，北靠春风路高架桥，村子面积不大，只有0.25平方公里。这是今天的渔民村，而回到历史，渔民村在岸上恐怕只算是立锥之地。讲深圳的原居民，都要讲到广府系或客家系，这是主流人群，其实还有一个小小的族群，不经意间就会被遗忘，那就是疍家人。疍家人完全生活在水上，船即是家，生计的主要来源就是打鱼，属于渔民。今天从事非遗工作的人很想恢复疍家人水上婚礼的生活场景，以唤起对往日生活的回忆。非遗工作者的想法无疑是想在疍家人以往的日子中找到浪漫，而遗憾的是，在实际生活中，从渔民村走过的历史来看，只有“苦难”二字。即使到了今天，老一辈的渔民村人总是把自己这群人叫“水流柴”，意思是水里流过的树枝，在水上飘飘荡荡，完全是无所归依的样子。称他们为“水流柴”，很重要的原因在于，他们几乎无法上岸，无法过上稳定的生活。他们面对人生的不平等超乎想象，如上岸不准穿鞋，喜庆不准张灯结彩，更不得与陆上人通婚。非遗人说的水上婚礼，即使在旧时代恐怕也非光芒四射的。还有一条是文化权利的缺失，就是不能参加科举考试。这比现在不能参加高考还要残酷，疍家人几乎没有上升通道了。当然，这一条后来据说也废止了，疍家人好歹打开了人生的一扇窗。印度盛行种姓制度，处在社会最底层的就是贱民，也许疍家人当年就是这样一群“贱民”。

要找这群“贱民”的根，恐怕还要找到东莞企石河畔的州寮村了。当年州寮村的人打鱼为生，后因台风和渔霸，有的村民就顺着东江而下，经虎门入珠江口，一路漂泊来到深圳罗湖一带，见深圳河鱼群丰富，便成了深圳河上的“水流柴”了。一开始是落在深圳河上的“犁头尖”，这块新大陆四面环水，倒像个岛屿，后来再靠近陆地，用水草、竹竿搭建寮棚，这就是他们最初的居所了。1949年后，渔民村在深圳河边又建起了简易的码头。从“犁头尖”开始，渔民村的人也一步步向岸上迁移。1953年，渔民村用150万从蔡屋围村买了两块约30亩的鱼塘，同时在鱼塘南边开垦了一块约60亩的荒地，连买地的契约现在都还保存着。其实到今天，渔民村的人还在感谢蔡屋围村，没有这种出手相助，恐怕渔民村的人还在深圳河愁着怎么上岸呢。在渔民村的博物馆中，还展示着当年一家子居于其上的小船，想起“煮鱼当粮哪识米，船头蹲唱咸水歌”，想起“世上最苦黄连树，世间最苦水上人”，渔民村人对改革开放的新生活永远有一种感念在。

二

讲渔民村人最大的荣耀，恐怕在于三任党和国家领导人都亲自来渔民村视察过，这在深圳所有村落和社区中都绝无仅有。1984年1月25日，邓小平视察渔民村；2010年9月5日，胡锦涛视察渔民村；2012年12月8日，习近平视察渔民村，这恐怕是渔民村人永远值得骄傲的往事了。而渔民村也是媒体和社会关注的焦点，不仅接待了一批又一批的参观者，而且上央视这样的主流媒体也是屡见不鲜。

渔民村能引起如此广泛的关注，最重要的恐怕还是源于其经济变迁和生活的变化。20世纪80年代，中国改革开放后第一个万元户村就是渔民村。1981年，渔民村集体收入60多万元，全村35户，每户平均1.06万元，在全国率先成为万元户村。1984年，邓小平同志视察渔民村，听说渔民村村民月收入近500元，女儿邓榕对他大声说：“老爷子，比你的工资还高呢。”

讲渔民村的变化，当然首先是经济的变化、收入的提高。能成为万元户村，这也得益于开放的市场和渔民村人经商的头脑。也许是穷则思变的道理，渔民村求新求变的首先就是生产方式和经营方式。渔民村的经营大体分几个阶段。早期，是买了大船出海捕鱼，从河到海，捕鱼量大大增加，当然，这还是在20世纪60年代。再后来是捕鱼、养鱼的结合，蔡屋围人出鱼塘，渔民村的人出养殖技能，双方开展合作。再后来，进入改革开放年代，渔民村首先集资买了推土机，自己兴办鱼塘，开始大规模养鱼。当时包括香港在内，市场需求量大，渔民村人赚得盆满钵满。当然，渔民村最大的商机则是来自建筑市场，当年的深圳经济特区就是一个大工地，渔民村人或者买泥头车开始跑运输，或者从深圳河里采沙子解决建筑材料所需。这其中，国贸大厦、深圳体育馆等的建设都用过渔民村人所供应的沙子。当时沙子等建筑材料的市场需求强劲，渔民村人想不赚钱都难。不仅是收入提高了，居住环境也不断改善。尤其是到后来，住进了自己建的别墅，拥有了自己的冰箱、彩电、音响等现代家电。这是当时内地家庭想都不敢想的，而渔民村人已经过上这样的日子了。

当然，渔民村的幸福还不止经济收入，村里还建起了幼儿园、文化广场、村史馆。当年连科举考试都参加不了的疍家人，如今有了自己的学士、硕士和博士。

特别要说到村史馆。渔民村人也开启了盛世修史的模式，他们细致地梳理了村子的发展和变化的历史，并做了生动的展示，有图文，有场景，有视频，系统性、直观性非常强。村史馆于2014年建成开馆，到了2020年又进行了整体改造与提升。展览分四个部分，“当家作主——深圳解放渔民上岸”“共同富裕——全国首个万元户村”“和谐社区——旧村改造成功典范”“先行示范——新时代新罗湖新渔村”，把渔民村的历史全盘讲清楚、讲生动了。

三

讲渔民村的变化，不只是村民的收入，还有村子的建设。当年村集体经济飞速发展，形成了丰厚的积累后，村里在1982年就建起了33套独立别墅，统统是二层小洋楼，这在以前恐怕做梦也想不到。以前是一家子住在小船上，1.5米宽、5米长，差不多要容纳四口人。而水边临时搭起的也都是寮棚。而如今住进了别墅，渔民村人最想感谢的还是改革开放。

但变化还不止于此，随着房屋出租带来的收入越来越多，村民们开始了乱搭建，原本是两层楼，搭建下来，有的有四五层楼高，渔民村成了名副其实的“握手楼”的天下。而随之而来的是严重的安全问题，乱搭电线，地基超载，安全成了最头疼的事。不仅是“握手楼”，还出现了“比萨斜塔”，楼体倾斜、墙体开裂，似有摇摇欲坠之势。实际上，深圳的城中村在急剧膨胀的外来人口的冲击下，几乎都免不了乱搭建的现象，但渔民村人解决这些问题的决心和行动，到现在都值得学习。村里经过研究，决定将这些乱搭建的别墅全部推倒，进行大规模的旧改。本来是要收取可观的租金，而现在的改造则需要从银行贷款，但这些困难都被一一克服。2004年，渔民村新村落成，盛大的庆典上摆出了188道大盆菜，有2000多名嘉宾参与分享，可谓盛况空前。

从“握手楼”到花园式小区，如此大规模旧改，需要的是强大的统一的意志，否则，各自为政，各为其利，统一的旧改也无从谈起。更进一步讲，新村实行的是统一出租、统一管理，更规范、更专业、更科学，同时也保证了村民的合理收益。没有对一户一幢这种传统的村居模式的革命，就不可能有大规模高起点的规划与建设。对于村民来说，有统一的意志，恐怕也得益于统一的股份公司，从挨家挨户的入股到股权的内部流转，从“按人所有”到“按份所有”，以股权为纽带，股份公司实现了集中统一的利益增长与管控。村股份公司在实现农村城市化以后城中村和城市社区的管理中功不可没，否则像这样的集中改造，无论如何也无法实现。村民对村股份公司充满感情，当初公司要用“裕丰”这个名字，但最终还是用回了“渔丰”的名字。虽然渔民村人的身份早已发生变化，但这份记忆挥之不去。.

当然，已经不是渔民的渔民村人说起往事，也不是没有遗憾，至少有两条：一是村里不再打鱼了，而村民单靠出租房屋就可以过上小康的日子，这总觉得有些不踏实，总觉得应该有打鱼那样的实业撑着；二是当年的深圳河，他们可以自由地漂行水上，而如今由于边境铁丝网的阻隔，无法再往河上走，河还在那里，但离村民们更远了。说这些，还是与渔民的记忆藕断丝连。

藏在深圳这片土地上的开国元勋

来深圳闯荡发展的人几乎都知道笋岗，这里的人才大市场就像股票大市场一样，成为被关注的焦点。很多有才华的人、有抱负的人从这里找到了施展自己的空间和舞台。然而要说到笋岗，说到这样一个城中村，其本身就藏着一个巨大的人才，巨大到成为开国元勋级别的，这就是岭南乡贤何真。让我们就此一起寻访何真和老笋岗的故事。

一

实事求是地讲，在岭南文化历史上，深圳或者说相连的东莞、惠州等都不能说是核心地带，既没有产生过什么改变岭南历史的大人物，也没有产生过什么影响岭南思想的价值观念。但如果要说有这么一位可以堂而皇之地进入岭南大历史的人，那就是何真。何真是元末明初人，生于东莞，但后来徙于深圳。他曾率领地方武装攻入广州、攻克四邻，几乎在元末混乱的时局下，以一己之力统一了岭南，避免了这方土地陷入战争所带来的四分五裂。元败亡之际，当朱元璋的大军逼近岭南，又是何真审时度势，主动称臣，避免了战争和生灵的涂炭。朱元璋对何真进行了两条着重表扬：一是"易乱为治"，使岭南走向和平和秩序；二是"保民达变"，顺应形势发展，保住一方百姓的安宁。朱元璋授予这位开国功勋"东莞伯"的爵位。他去世之时，举朝为之哀悼，文武百官皆素衣三日。身处岭南这样一个化外之地，又是"蛮族"，能获得如此之高的礼遇，恐怕不多见。

史书上称何真"少英伟，好书剑"，年轻时候就长得帅，不仅有好武功，而且有好文采。何真能平复岭南就已是功不可没，关键是他在归明后的东征西讨中，还留下了许多出色的诗文，即使放在文学史上看，也毫不逊色。像这首《谒张九龄祠》，堪称他的代表作："提兵昔过梅关北，奉命今还五岭东。古庙尚留朱履迹，旧题羞见碧纱笼。一天云气千山雨，万壑松声十里风。谒罢相祠重回首，蓬莱宫阙五云中。"大家知道张九龄号称岭南第一人，能成为盛唐的贤相，这也是岭南最值得骄傲的一件大事。而拜谒张九龄的祠堂，同样是乡贤的何真也是情动于中，"古庙尚留朱履迹。旧题差见碧沙笼"。最为出彩的是这两句，"一天云气千山雨，万壑松声十里风"，把云天气象、万壑松风写得雄阔而豪迈。与张九龄比，何真似乎更有这样一份雄强，像"投鞭饮马黄河竭，指手挥戈华岳催"，像"寒潭昨夜龙归晚，带得山前骤雨来"，气势更大，意志力更强。但他与张九龄永远相同的地方在于，对家国的那份忠诚，"真心独有松堪比，臣节惟应老更坚"，这个"真"，正代表了他的真性情、真怀抱。

二

其实笋岗并不是何真要选择的兴业之地，而是不得已为之。当年战败的何真不得不带领全家逃难至此。一开始到的泥岗，后来又携母亲及二子、五子迁到笋岗来。这就要说到笋岗的地名了，当时宅子的后山长满了竹子，竹笋到处蔓延，这在深圳一带的地理景观中并不多见，于是就把这片土地叫作笋岗了。当然，地名不仅有地理的支撑，通常还含有人文的意味，那就是希望后代子孙能够像山岗上的竹笋绵延不绝，而与之相应的是笋岗人最爱的一副对联，“笋得甘露绿竹成林年年旺，岗映朝晖青山叠翠代代春”。青山叠翠，绿竹成林，这是期望子孙后代都能兴旺发达，春天永在。

讲笋岗，就得讲到元勋旧址了。元勋，顾名思义就是开国元勋，由此可见何真在明代政权建立中的开创性的地位，以及他的功劳和苦劳了——“宣布曾分南国政，贤劳敢咏北山篇”。但元勋旧址显然不是何真自己所为，即使他再劳苦功高，也不好自己把元勋的称号挂在嘴上。元勋旧址是他四世孙何云霖所建，如果用准确的术语描述的话，元勋旧址属于寨堡式村围。有点类似于村寨，也有点类似于城堡，带有广府民居中围村所共有的特点。当年还有护寨河，四角设有角楼，具有较强的防御功能。整个旧址占地4318平方米，长68米，宽63.5米，属于三纵六横，一共有140多间民居。后来随着何氏一族规模越来越大，原先的村围已不能满足居住的需求。村围又叫老围，其他的还有旧村、新村以及祠堂村。到1999年建设彩虹桥，旧村、新村及祠堂村才算一起并入了新居。

老围是2002年7月评定的省级文物保护单位，也得益于这块金字招牌，在高度城市化进程中，老围才得以保存下来。2005年，市政府出资2000万，区里又给予了极大的支持，一次性将老围中居住的农民工悉数迁出。然而，由于与原居民就相应条款谈判始终未能形成共识，工程在8年时间内处于停顿状态。后罗湖区虽然再次推动改造，但由于相应的支持条件没能完全到位，到今天工程尚未完成验收。可以说，元勋旧址改造是未完成的工程，足以体现现代大都市文物保护工作的那份艰难。

三

讲笋岗，往往讲到它作为巨大的物流和仓储基地的功能，而讲到物流，则必定要提到“三趟快车”。三趟快车是讲内地的农产品供应港澳的故事。港澳地区尤其是香港，人口多、土地少，自身养殖业满足不了生活所需，于是需要内地及时将鲜活的猪、牛、羊肉供港。为什么要设立三趟快车呢？这是周恩来总理亲自关心和指示的结果，目的就是要及时保证对港澳的供应。所谓快，是相对于慢而言，当时绿皮车时代，很多车都是慢车。列车行驶途中要不断地让道，以至于从北往南发到广州、发到深圳的货车需要八到十天的日程，这对供港工作来讲显然不够及时、不够快捷，于是设立三趟快车就成为铁道部特许的政策，被称为“货车之首”。除特快外，所有客车、货车都得为之让道。三趟快车所运载的猪、牛、羊从湖北、上海、河南三地装载上车，快则两三天就到了深圳，这些农产品当时就被运到笋岗火车站进行检疫。三趟快车实行每日定期、定班、定点，日行三趟，所以被称作三趟快车。高峰期每天50多条轨道都是装载货物的列车，而笋岗是最重要的集散地，在此重新编组并实现一关四检，及时开往香港。央视新闻联播曾对此进行了专题报道，时任外经贸部部长的吴仪亲自登车，与押运员一起乘坐满载生猪的火车从武汉出发，历经十多个小时，来到笋岗火车站。吴仪同志还与三趟快车工作人员在笋岗车站亲切合影。1997年三趟快车35周年，党和国家领导人为之题词，而三趟快车的代表则直接上了当年的春晚，这也算是三趟快车的高光时刻了。

笋岗火车站的铁轨从两条发展到50条，后更名为深圳北站，到了1987年，又被提升为一等货运站。但随着货运方式的变化，笋岗站已不再是主要的供港物资集散地了，到了2010年，笋岗站已不再办理货运业务，不再承担运输香港货物的功能，逐步退出了历史舞台。但三趟快车的故事却至今还在流传，它见证了香港与深圳、与内地的深厚情感。

四

很奇怪，在笋岗有个新建的小区叫“庐江春天公寓”，要知道庐江是在安徽巢湖边上，现划归合肥市，庐江与笋岗可以说没有半毛钱的联系，那为什么把笋岗建的公寓起名为庐江春天呢？经查询，原因就在于，何真的何姓与所有何姓族人几乎有个共同的来源，叫“天下何姓出庐江”。很多何姓族人都记得，小时候家里起华屋，屋梁上总是要挂块红布，红布上书“庐江何”，以表明祖上的来历。至今去笋岗看何真公祠，屋梁上赫然写着的也是“庐江何”三个大字。从何真这一脉来看，其祖上也是从庐江一路辗转来到广东，来到深圳的。其延续的不仅仅是庐江何氏的血脉，还有那样一份持之久远的人文传统，即崇文重教。何真公祠正门写的是“开国元勋府，元勋世胄家”，讲的是显赫的元勋身世。但再看左右门联，“子孙虽愚经书不可不读，祖宗虽远祭祀不可不诚”，讲了两个意思，实际上也是这个世胄之家的家风，一个是必须要读书，一个是必须要祭祖。其实再联系起来，讲的却都是关于传承的道理。书传承人类文明，读书可以医愚，可以学习人类最伟大的知识；祭祖也是要记住列祖列宗，让宗族的传统得以延续。延续宗族、延续家国、延续文明，这不仅仅是何真后人，实际上也是中华民族子子孙孙共同的文化使命。正是出于这一使命感，从何真开始设立义田，即拿出一定数量的私田，其租种收入集中用于宗族的教育开支，兴办私塾。家族有言：“太公曰，‘常将有田思无田，莫待无时思有时’，此可视之为守成之格言，子孙后代应当记取。”有了义田，宗族后代的教育就有了稳定的收入来源。不仅如此，何真还兴办书室，他在丰湖荔浦新建丰湖书室。何真的二子何贵曾编就《丰湖书室集》，而作序的人大名鼎鼎，他就是著名的方孝孺。从今天看，何真给笋岗后人留下的不仅仅是开国的功业，还有这份读书的情志，这才算他的一张一弛的文武之道。而从何真开始，笋岗这片土地才算有了不绝于耳的弦歌之声。

蔡屋围是金盘盛放的大菜

蔡屋围本来只是一个经历600多年历史的村落，与中国式现代化这一宏伟的事业相比，也许微不足道，但偏偏它与深圳这样一座中国式现代化的先锋城市命运攸关，在一个村落的变迁中，竟然藏着一座城市的奇迹。这当然值得我们探究。

一

蔡屋围的原居民都说自己是“洗脚上田”或“洗脚进城”。这么说确实不为过。看深圳的老照片，蔡屋围当年呈现在视野中的就是大片的水田，还有水田周边大大小小的山丘，当地人以水稻种植为主，另外还有荔枝栽种、渔业捕捞等副业。就是这样一个世世代代在田野劳作的蔡屋围人，恐怕连做梦也想不到，他们会在高楼上办公，会开着自己的豪车，会在摩天大楼间展开自己的生活空间。蔡屋围村原来并不叫蔡屋围，而叫赤坎，或赤墈，或月冈屯。从这些名字考证：其一，蔡屋围所在的地方应属于丘陵地带，有水田，也有山岗；其二，从土壤看，属红色黏性的土质，所以远看是红色的坡地或山岗。至于月冈，可能是指月光照耀下的光亮的坡地，忽然如此富有诗意，但也无从查考了。蔡屋围，顾名思义，是以蔡姓为主的宗族居住的村落，现在的蔡屋围也是蔡姓居民占据大多数，而蔡屋围最早的原居民并不是蔡姓，只是后来蔡姓移民越来越多，逐渐成为主流人群，整个村落才被称作蔡屋围。从最早蔡姓家族移居于此算起，大约在620年前，而移民路线则大致是从河南到福建，再入广东，到东莞，再到深圳。这几乎是历代深圳移民的经典路线，无论是客家人还是广府人，差不多没有例外。蔡姓族人自从移居到赤墈以后，其繁衍和扩张的速度，不可谓不惊人，原来的聚居地已满足不了人口增长的需要，于是就在其南边，又一波蔡姓族人重新建立新围，开拓新的村落。从明初的开围到明末再开新围，这期间已经走过了近300年的历史。于是，老围和新围共同构成了蔡屋围人的聚居空间。尽管到如今又是300多年过去了，现在的蔡屋围人还是习惯称老围、新围，尤其是新围，早已是不新了，但依旧被称作新围。想起在我们老家的习俗，外地嫁过来的媳妇都到了五六十岁的年纪，还是被叫做新娘子，说起来真是有趣。

今天的蔡屋围在印象中就是地王大厦和京基100所在的区域，实际上它当初的范围广大，西到园岭，东到和平路，南到深圳河，北到银湖路口。据现在蔡屋围上了年纪的人讲，小时候会到笔架山去砍柴，会到布吉河(今天称“深圳河”)去捕鱼，还会和边境战士要退了弹匣的冲锋枪玩。布吉河在今天的渔民村附近汇入深圳河，而当初蔡屋围人更习惯说布吉河，毕竟流过蔡屋围的大段是布吉河，是他们生于斯长于斯的一方水土。

虽然今天已不再见更多环绕蔡屋围的河流了，但当年蔡屋围水域还是非常宽广，否则也不会有那么大片的水田，而正是有流过水田边的深深的水沟叫“圳”，深圳也因此得名。有意思的是，当时蔡屋围区域的河流并不是清澈的，吃水难竟然也成了水田环绕的蔡屋围人的难题。当年蔡屋围解决饮水问题主要靠打水井，水井里的水源其实并不充沛，家庭主妇们往往是起个大早，一瓢一瓢地从水井里舀取做饭的井水。这是老一辈蔡屋围人记忆中最难忘的事情了。

二

从一个小小的村落演变为大都市的核心，是蔡屋围人很感自豪却又始料未及的事情。深圳作为经济特区，当初的开发与建设领风气之先的是罗湖，而罗湖领风气之先的就是蔡屋围。即使到现在，蔡屋围依旧实力不减，整个罗湖1/3的产值就来自蔡屋围的贡献。

讲蔡屋围当初的记忆，是20世纪90年代的中期，就在当时作为深圳标志性存在的邓小平画像不远处，地王大厦正在建设。深南东路边上，高耸立的是巨大的润迅广告牌，广告词就是“一呼天下应”。紧挨着的是深圳大剧院，这是当年的文化地标。如今大剧院还在，这个20世纪80年代就建成的深圳八大文化设施之一，到今天还是好戏连台，现在所见的已经是改造后的模样了，而当初庞大的地下空间早已被填平。而设在大剧院里的沙都歌舞厅，曾经名噪一时，由沙都歌舞厅推出的舞台剧进京演出，被誉为“给首都舞台吹来了一股清风”。

曾经的蔡屋围可以说集中了一座城市的芳华。先从行政中心说起，深圳经济特区改革开放最早的总指挥部就在蔡屋围。众所周知，深圳最早的中心是在南头，南头古城是深圳地区最繁华的所在，当年的蔡屋围还只是深圳镇的一部分，而深圳镇离南头古城还有几十公里的路程。只是到了1953年，当初的宝安县委、县政府从南头迁到了深圳镇，深圳镇才逐步成为宝安县的中心了。直到后来，深圳的名字也成为经济特区和整个城市的名字了，而位于深圳这个核心地带的蔡屋围也开始成为深圳的中心了。改革开放初期的深圳市委、市政府就设在今天的蔡屋围，直到1984年7月，市委大院由基建工程兵建成之后，市委、市政府才开始动迁。而就算市委大院所在的位置，当初也是蔡屋围的地界。紧靠市委大院的荔枝公园当初就是蔡屋围人的荔枝林，荔枝林被政府征用，补偿了1500万，这也成了蔡屋围人在改革开放时代创业发展的第一桶金。

讲蔡屋围的经济实力，就得说到人们对蔡屋围的一个比喻，叫“地标收割机”，就是在蔡屋围的地头上，先后出现两座标志性的大厦，一个是地王大厦，一个是京基100大厦。深圳从当初到现在，在描画城市天际线的时候，几乎都少不了这样两座大厦的身影，这成了城市海报或宣传画的标配，仿佛不如此则不足以标志深圳的高度和深圳的现代性。先说地王大厦。当年地王大厦之所以被称为“地王”，就是因为建设地王大厦的这块用地在1992年被拍出1.4亿多美元的天价。不仅如此，地王大厦还创造了两个纪录：其一，它是当时亚洲的第一高楼，标志着深圳乃至亚洲的新高度；其二，同是在罗湖的国贸大厦曾经创造了三天一层楼的记录，被称为深圳速度的象征，而这个记录也被地王大厦所打破，地王大厦的建设是两天半一层楼，深圳速度更快了。再说到京基100大厦。2007年动工，建成后又一举打破了地王所创造的纪录，成为当时深圳的第一高楼，并且就此开辟了京基时代，KK Mall成为深圳人购物休闲的新选择。

说蔡屋围，不仅要说到行政中心、经济中心，还要说到文化中心。前面说到大剧院，而比大剧院更有标志性的是罗湖书城。罗湖书城1993年动工，1996年建成，建成后一举成为深圳的文化地标，而开业之际配套举办的第七届全国书市，也是该活动第一次在非省会城市举办，创造了七项全国书市的纪录。其中最令人骄傲的是现场销售的记录，买书排长队，书城前人头攒动，这恐怕是市场经济大潮涌动的时代难得一见的场景。也是从罗湖书城开始，深圳人爱读书、有文化，成为人们对这座市声如潮的城市的新认知了。而有了罗湖书城，深圳人才算真正摘掉了“文化沙漠”的帽子。“书城”作为商标也是由深圳人首次注册，目前已风行全国，单是深圳就已经有7座大书城横空出世了。有意思的是，书城的“书”，广东人容易谐音为“输”字，于是就别出心裁地把罗湖书城的大楼命名为金山大厦，理由就是“书中自有黄金屋”。而位于金山大厦的中信银行也就此有了新的广告语——“金山上的中信银行”。蔡屋围就此有了两座金山：一座是金山，是物质财富，也被称为深圳的华尔街，是金融业的集聚地；一座还是金山，是由书山构成的，是精神财富。书城的意义就在于以书筑城，以城筑梦。书城就这样为整个城市赋能。

三

蔡屋围已经历两次大规模的城市更新了。罗湖在深圳各区中起步最早，建设的密度大，没有旧改恐怕再无可发展的空间了。而位于城市核心的蔡屋围更是如此，要再造一个罗湖，或者说要再造一个蔡屋围，除了大规模的旧改，别无他途。处在蔡屋围的中国人民银行深圳分行总部要建地下金库，蔡屋围人立马配合。证交所已经迁走，人民银行必须留下，否则，深圳的华尔街就可能徒有虚名了。

到蔡屋围，满眼都是新起的高楼，心中总有一个想法，当初的蔡屋围，或者说还没有城市化之前的蔡屋围是什么样子呢？蔡屋围，顾名思义，是围建起来的村落，作为广府系的建筑，与客家的围屋又不完全是一回事。围屋往往是一个大家族的居所，“聚居于斯”，对内有利于形成凝聚力，对外又有极强的防御性。而作为一个村落，虽大多是同一宗族聚居，但又不全是同一个家庭，类似叫围屋村的还有高围屋村等。现在已见不到蔡屋围的旧址，也难以想象蔡屋围无论老围还是新围当初的模样了。据说当年蔡屋围村还有一个巨大的门楼，如今早已不见。村里还有个祠堂，叫怀儒公祠，有感念祖宗恩泽的意思。当年的怀儒公祠还曾经是国民革命军和中共地下组织党员们聚会和活动场所，但如今都已拆除。当年村里还有树龄近300年的三棵大榕树，如今，在地王大厦旁边只余下一棵，另外两棵也已搬至西丽的深圳动物园了。

蔡屋围与很多深圳的都市中的村落不同，它已然没有城中村了。在这样一个寸土寸金的城市中心，蔡屋围算是最彻底地城市化了，不种庄稼只种楼，而且全是高楼大厦，早已见不到当初的景象了，像是被连根拔起。好在蔡屋围人心心念念的还是教育。富起来的原居民愣是保存了上百年的燕贻学校，这是当年蔡屋围的海外宗亲们集资建设的，他们像燕子一样衔泥筑巢，为后代子孙建学校、办教育，以文化人。现在燕贻学校扩建工程已然动工，相信会泽被更多的子民。

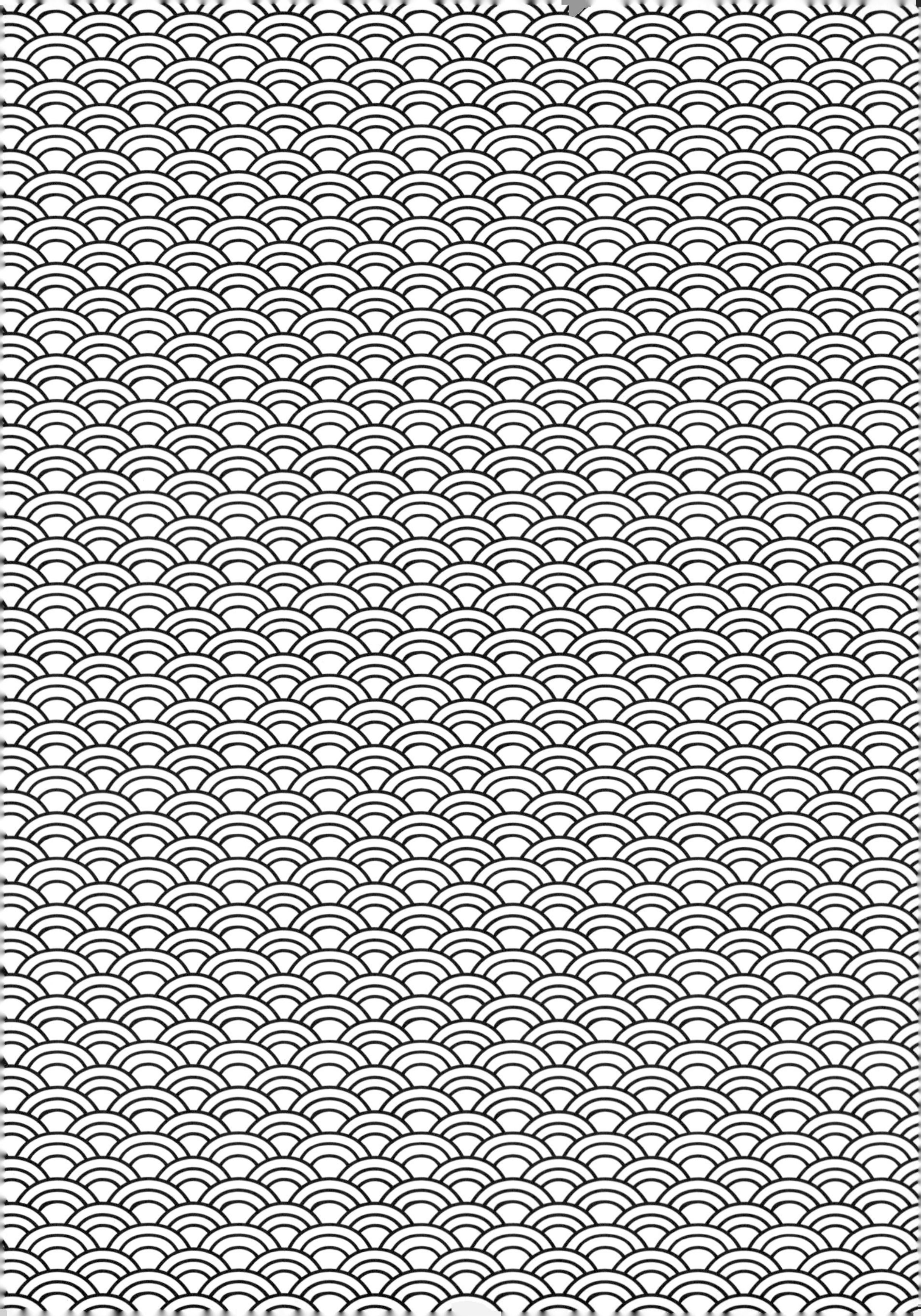

后记

讲到这本地名专著的出版，要说到陈林先生的书《藏在地名里的香港》。当时这本书做深圳的首发，我和野秋兄是嘉宾，首发式很成功，但也带出了一个我们共同的想法，那就是探究并撰写关于深圳地名的文章。先是我们在《晶报》开专栏，然后又在《香港商报》的专栏接着写下去，一来二去就积累了不少的篇目。这本书就是这些地名文章的合集。

要感谢胡洪侠老总与王军老总的鼎力支持，是他们的督促才使我们有坚持下来的决心。而与陈林、野秋两位老兄携手并写的经历，如今也成了美好的回忆。能在深圳经济特区成立45周年之际推出这套丛书，觉得特别荣幸。深圳报业集团出版社的龙建涛社长、刘悠扬副总和叶苑秋责编是必须要感谢的，有了他们的坚定支持与严谨的审编，这套丛书尤其这本小书才得以与读者算是光鲜地见面了。

出版人：　龙建涛

策划编辑：刘悠扬

责任编辑：叶苑秋

责任校对：王鹏　杨铖彦　王正尧

装帧设计：杨军

插图：　胡椒枪　勾特工作室

图书在版编目（CIP）数据

从地名看深圳 / 尹昌龙著. -- 深圳 : 深圳报业集团出版社, 2025. 8. -- (文脉). -- ISBN 978-7-80774-153-4

Ⅰ. K926.53-53

中国国家版本馆CIP数据核字第2025R8M153号

从地名看深圳

CONG DIMING KAN SHENZHEN

尹昌龙　/著

深圳报业集团出版社出版发行
(深圳市福田区商报路2号　518034)
中华商务联合印刷（广东）有限公司印制
新华书店经销
开本：787mm×1092mm　1/16
字数：186千字
版次：2025年8月第1版　2025年8月第1次印刷
印张：14
ISBN　978-7-80774-153-4
定价：68.00元